U0505973

汉光武帝重用「观采风谣」，存录乐府民歌

五言诗歌定型
隶书成熟

《汉书》成书

《论衡》成书

随葬陶器中生活用品增多

《史记》成书

汉高祖作《大风歌》

建长乐宫、未央宫

秦始皇建阿房宫、骊山陵

76年—84年

86年

约1世纪

约2世纪

"大一统"是秦汉时代的审美命脉和灵魂。

它给华夏文化注入了幻想和激情，确立了规则和权威。

大美中国 ｜ 秦汉卷

大风起兮

陈炎　主编
仪平策　著

上海古籍出版社

图书在版编目（CIP）数据

大风起兮：秦汉卷 / 陈炎主编；仪平策著. —上海：上海古籍出版社，2017.9（2023.9重印）
（大美中国）
ISBN 978-7-5325-8529-8

Ⅰ.①大… Ⅱ.①陈… ②仪… Ⅲ.①文化史—中国—秦汉时代 Ⅳ.①K232.03

中国版本图书馆CIP数据核字（2017）第167587号

大美中国　秦汉卷

大风起兮

陈　炎　主编

仪平策　著

上海古籍出版社出版发行

（上海市闵行区号景路 159 弄 1-5 号 A 座 5F　邮政编码 201101）

（1）网址：www.guji.com.cn

（2）E-mail：guji1 @ guji.com.cn

（3）易文网网址：www.ewen.co

上海中华商务联合印刷有限公司印刷

开本 787×1092　1/32　印张 9.75　插页 11　字数 138,000

2017 年 9 月第 1 版　2023 年 9 月第 9 次印刷

印数：24,571—25,870

ISBN 978-7-5325-8529-8

G·660　定价：75.00 元

如有质量问题，请与承印公司联系

前　言

　　"大一统"是秦汉时代的审美命脉和灵魂。它给华夏文化注入了幻想和激情，确立了规则和权威。同时这也是华夏审美文化由"自发"向"自觉"过渡转化时期：由偏于外向、体物、象形、叙事、伦理、功用、壮丽转向偏于内敛、抒情、写神、表意、心理、形式、优美。

　　秦汉时代审美形态最突出的特征是一种"大美"气象。"大"者，宏博之状也；"气象"者，气势、气概也。具体含义如下：

第一，审美文化活动、审美作品的场面大、规模巨、力度强。这主要表现的是一种外在、感性、直观的"大"。

第二，在审美文化活动和审美作品中，无不表现出当时人们渴望征服世界的伟大信念和情怀。

在华夏文化的发展过程中，秦汉之际与先秦时期有一个很大不同，它是一个空前"大一统"的社会。这给秦汉之际审美文化的发展带来了全新的契机、活力和前景。

然而秦、西汉与东汉还是略有区别的。东汉明显与秦、西汉那种发扬蹈厉、慷慨雄放的文化风貌，那种开拓扩张、充满想象力和创造力的时代精神不同。虽然其中仍包含了外向阳刚的文化意识，但不可否认的是，至此华夏文化慢慢向"贵真"、"尚质"、"崇实"的文化趣尚发展。东汉文化开始呈现委顿退守之势，并处于向新的文化转型的酝酿期。

如果说，秦、西汉审美文化是开拓、占有和征服世界，那么，东汉审美文化则更多地是在守护、记述、玩赏和享用。换言之，秦、西汉审美文化沉迷在具有无限意味和神秘色彩的外部世界，而东汉审美文化就是更多地活在当下。例如，王充"崇实"说就是东汉审美文化中的"主题词"。

但在这一文化"退守"过程中所形成的"崇实"趣尚，并不是简单、粗暴乃至僵滞的，它恰恰是复杂、多层乃至不断变动的。它既是一种人间烟火气的情结，也可以成为一种以伦理教化为旨归的现实效应；既是一种写实化的回归，也可以是一种疾虚妄的文化态度；既是一种明哲保身的实用理性，也可以是任心恣性的真情实感。

总之，东汉文化更加多地把关注放在此生此世，更加在意功用实效，更加尊重本性真情，更加推重以"真"为美的精神、以"实"为主的趣尚。

目　录

秦汉之际的"大美"气象

壹

中华民族走向政治、经济、文化"大一统"的历史，是从秦汉时代开始的。"大一统"是这一时代的命脉和灵魂。它带给这一时代以前所未有的生机、活力、幻想和激情，它给这一时代确立了文化规则和权威，它也让中国从此围绕着"大一统"主题而书写着一代代的风云和史诗。所以，这是一个承前启后、继往开来的时代。中国因秦汉时代而为世界所瞩目，世界也从秦汉时代而为中国所认知。

说到秦汉审美文化，人们差不多都会想起这样一些举世闻名的煌然"景观"：秦兵马俑，秦汉建筑，汉乐舞，汉大赋，霍去病墓前巨石群雕，"马踏飞燕"青铜造像，汉画像石、画像砖，秦小篆和汉隶书……这一切，均赋予秦汉时代审美文化以鲜明的历史个性和特征。

用理性的、宏观的眼光来审视整个中国审美文化，就会发现，如果将先秦时代视为审美文化发展的"自发"阶段[1]，而将魏晋以降视为其发展的"自觉"阶段[2]的话，那么，秦汉时代恰好可以看作中国审美文化由"自发"向"自觉"过渡转化的一条历史长廊。这条历史长廊的基本

"画面"可描述为：由偏于外向、体物、象形、叙事、伦理、功用、壮丽……向偏于内敛、抒情、写神、表意、心理、形式、优美……逐步过渡和转化。或许，在不同审美文化现象之间，这种过渡转化的形态不是平行的、均衡的，而是迂回曲折、复杂多样的，但这并不改变其总体上普遍共有的"过渡"性质和趋势。因此，这个"过渡性"，应是我们对秦汉审美文化所作的总体判断和表述。

同时，在普遍的审美文化形态上，秦汉时代最突出的特征是，它表现出一种"大美"气象。"大美"者，高大、宏大、博大、壮大之美也；而所谓"气象"，从直观上说，它指某种景象、情状、态势；从神韵方面论，它则指的是某种气势、气魄和气概。

秦汉之际的"大美"气象的具体涵义，可从两个层面来理解：一是从直接的表象层面上说，它主要表现为审美文化活动或"作品"的场面之大、规模之巨、力度之强、数量之众、造像之高、形势之伟、地域之阔、物色之繁，以及节奏之铿锵、动作之奔放、色彩之强烈、音声之亢扬、语辞之华丽、描述之铺张、气魄之恢弘、情势之雄壮等等，均达到无所不用其极的程度。无疑，这是一种外在的、感性的、直观的"大美"。二是从间接的历史文化意蕴上说，那种表象层面上的外在感性之"大美"，并不是纯自然形态的；它们作为当时人们审美活动的一种"对象"和"作品"，又内在地凝结着秦汉时代特有的审美文化理想，彰显着那个时代人们特有的宇宙观念、主体意识、生命冲动和创造激情，昭示着当时人们渴望向外开拓、探问进取、占有万物、征服世界的伟大信念和高远情怀。于是，这内在的、间接的历史文化意蕴凝结、显现在外在的、直接的感性表象形态上，便构成了"大美"气象。

〔1〕　　以"艺术"尚未同"非艺术"分别开来为标识。
〔2〕　　以"艺术"开始走向独立为标志。

1

『乐舞寖盛』
审美活剧在荆歌楚舞中拉开帷幕

荆歌楚舞是秦汉之际审美文化的典范形式之一。

项羽和刘邦是秦汉之际荆歌楚舞发展中最早见于记载的"表演"者，是需要最先提到的两个有意味的文化符号。

公元前 202 年，项羽被刘邦的各路大军围困于垓下。在兵少粮尽、大势已去的绝境中，项羽对着他的虞美人慷慨悲歌，唱道：

> 力拔山兮气盖世，时不利兮骓不逝。骓不逝兮可奈
> 何，虞兮虞兮奈若何！

曾经叱咤风云、不可一世的项羽，如今已是英雄末路，四面楚歌。面对连他心爱的虞妃都保不住的悲剧命运，项羽只能徒唤奈何！这曲《垓下歌》，真切地抒发了其内在的深切悲哀和痛苦。

公元前 195 年，汉高祖刘邦平定了淮南王黥布的叛乱后返回京都，路过故乡沛（今江苏沛县）时，在沛宫召请故人父老诸母子弟一起饮宴庆贺。当酒喝到兴头时，刘邦离席，击筑起舞。他一边跳舞，一边高歌他自作的《大风歌》，并令在场的儿童们都跟着唱：

> 大风起兮云飞扬，威加海内兮归故乡，安得猛士兮
> 守四方？

一统天下的胜利感，荣归故里的自豪感，安邦定国的紧迫感，求贤若渴的焦虑感等等，这一切郁积心中的复杂情感，皆在铿锵有力的高歌狂舞中宣泄出来，使在场者无不动容，连刘邦本人也在

慷慨抒怀的激动中难以自抑，潸然泪下。

刘邦死后，汉惠帝将沛宫辟为高祖庙，《大风歌》成了祭祀高祖刘邦的"雅"乐舞，而当年跟刘邦一起演唱《大风歌》的120名儿童也被召来，专门从事这一"雅"乐舞的演唱。若有空缺，随时补足。此后遂成高祖祭祀之定制。

《史记》中的这两段记载，对我们今天的阅读而言意味着什么？它似乎是那一时代审美文化活剧的一次彩排，一种预演，一场序幕。这种亦歌亦舞的形式，娱人耳目，荡人心魄。它创造了秦汉之际一种特有的抒情表意形式，传达着这一时代雄健奔放的人格气概和真率自然的人性风采，显露着秦汉风尚的独有状貌和楚荆习俗的特殊魅力，表征着南风北渐的文化新变和以俗为雅的艺术新声。总而言之，它意味着，一场恢弘浩大的审美文化历史活剧已在荆歌楚舞中拉开了帷幕。

《乐府诗集》卷五十二云："自汉以后，乐舞寖盛"，此话极是。当然这并不是说，汉以前没有乐舞。只是随着秦汉之际楚人的大举北上，"大一统"的汉代帝国确实迎来了一个以"楚声""楚舞"为代表的乐舞文化新时代。这是一个在中国审美文化史上少见的充满活力和激情的，甚至还带点蛮野味道的乐舞时代。那么，为什么会形成这样一个空前繁盛的乐舞时代呢？

文化大交融的时代

汉乐舞的空前繁盛，在根本上得益于由当时社会的空前"大一统"所带来的多种文化，特别是南北文化的大交融。

秦汉建立了多民族的大一统国家，客观上为中国文化的发展提供了一种新的态势和可能，即它一改先秦时代以纵向承继为主的文化演进方式，而变为以横向拓展、交流与融合为特色的文化发展模式。秦汉之际，特别是汉代堪称这种文化发展模式的典范。这是中国历史上一个规模最大、持续时间最长、对后世影响最为深远的文化大交流、大融汇的时代。

这种文化的大交融展现在多个方面和层次，

主要有汉文化与周边各少数民族文化之间、汉文化与域外各国文化之间等等的相互交融。这一点特别体现在乐舞文化上。如汉代宫廷经常演奏的"四夷之乐"就来自周边少数民族，其中尤以"北狄乐"最有名。"北狄乐"即流行于北方[1]匈奴、鲜卑、吐谷浑等游牧民族的一种音乐形式。这些民族常常骑在马上，吹奏着笳、角之类乐器，并以铙、鼓、排箫等伴奏歌唱（时称"铙歌"）。其声浑厚悠远，苍凉悲壮，在广袤无际的塞北大地上久久回荡。北狄乐传入中原后，又与汉乐及其他民族音乐结合起来，便形成了风行汉代、风格多样的"鼓吹乐"。我们从大量的汉画像石、画像砖上，即可窥见汉人演奏"鼓吹乐"的一些具体情景，如**马上鼓吹**（001）。

同时，汉代流行的这种"鼓吹乐"，也不仅是汉乐与北狄乐的结合，同时也有其他外域音乐的影响在内。所谓"鼓吹"，包含"鼓舞歌吹"之义。这样"鼓吹乐"就不仅是音乐，同时还是舞蹈。再进一步说，它既含有"胡乐"，也含有"胡舞"。晋人崔豹《古今注》载：《横吹》，胡乐也。张博望入西域，传其法于西京，唯得摩

001 马上鼓吹（四川新都汉画像石）

诃、兜勒二曲。李延年因胡曲更造新声二十八解。"（卷中·音乐第三）李延年用"胡乐"创作出的二十八解"新声"，深得汉武帝喜爱，并流传至魏晋时代。

在汉代审美文化的大交融中，大概最重要、最深刻的莫过于南、北之间的大交融了。秦汉之际，发生了陈胜称王、项羽北进、刘邦灭秦称帝这样一些重大历史事件。在这些事件所带来的磅礴惨烈的社会变动中，以楚人为主体的南方军民大量入主黄河流域，成为北方乃至全国实际上的政治统治阶层[2]；与此相关，以荆楚为代表的南方文化也潮水般涌入河朔大地，同原本在格调、情趣、风尚、形式诸方面皆有差异的北方文化直接碰撞、交织、混融、调和在一起。这可以说是中国历史上南北文化之间第一次全面的交流与融合。很显然，这次南北文化的交流与融合，对于汉代审美文化，尤其是乐舞文化的发展而言，具有重大的意义。

从相对的意义上说，中国文化大体以秦岭——淮河为界分为南、北两域。当然，南、北方各自也并非铁板一块，也是有许多文化类别的。如南方文化又分为荆楚文化、巴蜀文化、吴越文化、闽粤文化等等，但同北方文化比起来，这些文化类型又有某种共通性、相似性，从而形成南方文化这一大类别。北方文化也如此。从局部看，北方也有齐鲁文化、中原文化、三秦文化、燕赵文化等等分别，但相对于南方文化而言，这些局部文化又有某种相近之处，因而构成北方文化这一大的范畴。

南、北文化之间的差别，其实很难用准确的概念表述出来。因为不仅这种差别是模糊的，没有明确界限的，而且这种差别也是历史的，动态的，不断变化的。但话又说回来，这种差别又确实是存在的。南、北文化的差异，实际上已在历史的演化过程中积淀为一些类型化的经验表象模式。

大致说来，秦汉时代，北方文化呈现出的基本特点（类型）是，倡功名，重教化，主伦理，尚世俗，等等，折射在文化形态上，则主要表现为质朴严谨、凝重浑厚之特色。又由于北方的燕赵文化、三秦文化等与塞外游牧民族文化相邻互通，故北方文化在质朴严谨、凝重浑厚之中，又有着粗犷豪放、雄大宏远之风采。而此时的南方文化，则明显以荆楚文化为主体，其他如巴蜀、吴越、岭南等文化类型则居其次。这就使得汉代南方文化有了不同于别的时代，比如不同于六朝时代南方文化的个性特征。作为南方文化之主体的荆楚文化有三大特点：一是较少礼教法制的濡染，显出鲜明的野蛮剽悍、狂放不拘、酣畅自由之情采。司马迁说："夫荆楚僄勇轻悍，好作乱，乃自古记之矣。"（《史记·淮南衡山列传》）二是"信鬼神，重淫祀"，巫风盛行，故表现出浓厚的奇幻色彩和神秘意味。三是由于和吴越文化相毗近，因而其狂放自由的"前文化"形态同吴越间"阴柔"型文化风尚糅合起来，就使荆楚文化在野蛮剽悍之外，又具有了舒展流畅的优美格调。比如汉代盛行的"楚舞"中最常见的**长袖飘舞**（002）动作，就既有狂放飞扬、健朗奋发的时代色彩，又有些许婉转轻盈、婀娜多姿的优美韵味。

那么当时北方文化与南方文化之间是一种什么样的关系格局呢？常见的说法是，汉乐舞即为"楚声""楚舞"。此说值得商榷。实际上，汉乐

002　长袖飘舞（河南南阳汉画像石）

舞不独"楚声""楚舞"一脉，而应当说是南音北调的齐唱共舞。北方乐舞仍是汉代乐舞的重要组成部分。如《汉书·杨敞传》载杨敞之子杨恽在《报会宗书》中说：

> 家本秦也，能为秦声。妇，赵女也，雅善鼓瑟。

这里提到的"秦声""赵妇"，即可约略看出"北调"亦盛行于汉的某些真实情景。这说明，汉乐舞并非"楚声""楚舞"的一统天下。

但"楚声""楚舞"又确为汉乐舞的一大主干。特别在刘邦等帝王皇族的大力推动下，南方乐舞更是身价倍增，一跃而为宫廷乐舞，见**拂袖舞女俑**（彩图 1），进而风靡京都，流行全国。鲁迅认为：

> 楚汉之际，诗教已熄，民间多乐楚声，刘邦以一亭长登帝位，其风遂亦被宫掖。盖秦灭六国，四方怨恨，而楚尤发愤，誓虽三户必亡秦，于是江湖激昂之士，遂以楚声为尚（《汉文学史纲要·汉宫之楚声》）。

也就是说，汉代大兴楚声，其因有二：一是秦汉之际民间多喜欢楚声，后终因刘邦称帝而广被宫掇。二是在秦汉之际，楚声代表的是一种亡秦意识和反抗精神，所以"楚声"的极盛于汉是很自然的。

总之，在秦汉之际"大一统"的社会政治格局中所出现的南、北文化大交融，是汉乐舞走向鼎盛的主要原因。这种交融给乐舞艺术本身带来的深刻变化，一是"南音"的野蛮狂放、舒展自由与"北调"的质朴凝重、粗犷豪放相互融合，形成了汉乐舞特有的阳刚之气和飞扬之美；二是这种以"俗"（民间化）为主的乐舞形式对传统的"雅"乐舞造成了猛烈而深刻的冲击，从而影响了古代乐舞文化的发展方向，其意义可以说至为深远。

歌舞伎乐：

汉代一大审美景观

可以这样说，恐怕没有哪个时代会像汉代那样，勿论尊卑上下，不管四夷八方，几乎都在歌舞伎乐面前表现得如痴如醉，趋之若鹜。大凡帝王将相、诸侯九卿、重臣大吏、文人学子、豪门大族、商贾巨富、妃姬妾婢、贩夫走卒……差不多都被裹挟进这一歌舞伎乐的时代风尚中。该时尚渗入到社会生活的方方面面，其流布之广，浸滋之深，形制之繁，势焰之烈，影响之巨，均可称得上前无古人，后无来者。可以说，歌舞伎乐已成为汉代一种全社会的生活方式和文化景观。

在热衷歌舞迷恋伎乐的人群中，我们不妨将视线聚焦于两类人：一类是帝王；一类是"女伎"。通过对这两类人的描述，我们大致可以了解到汉代乐舞所达到的繁盛程度。

汉代皇帝对乐舞的痴迷，大约要以高祖刘邦为开其先者。他不仅在故乡众多父老乡亲、男女长幼面前，击筑高唱《大风歌》，留下千古佳话，而且他与他的爱姬戚夫人之间以乐舞相取悦的故事，也是历史上有名的趣闻。《西京杂记》载：

> 高帝戚夫人善鼓瑟击筑。帝常拥夫人，倚瑟而弦歌，毕，每泣下流涟。（卷一）
>
> （高帝）辄使夫人击筑，高祖歌《大风诗》以和之。又……尝以弦管歌舞相欢娱……十月十五日，（高祖与戚夫人）共入灵女庙，以豚黍乐神，吹笛击筑，歌

《上灵》之曲。既而相与连臂，踏地为节，歌《赤凤凰
来》。（卷三）

这些记载，向我们展现的是一幅幅美丽动人的以
歌传情、以舞相娱的图画。《汉书·礼乐志》云：
"高祖乐楚声"，确非虚言。在这里，我们看到了
一代枭雄刘邦性格中温情的一面。

汉武帝在歌舞方面也堪称行家里手，风流独
绝。他在众多嫔妃姬女侍从中独喜善舞妙歌者，
便是一证。比如皇后卫子夫，当初就是以善歌而
获武帝宠幸的。卫子夫原是平阳侯邑的一名歌女。
武帝路过平阳，主人让十余名美女侍候武帝，见
武帝并不开心，于是，"既饮，讴者进，帝独悦
子夫"（《汉书·外戚传》）。什么是讴者？颜师古
注曰："齐歌曰讴。"可见卫子夫能在众多歌女中
一枝独秀，不单纯是以色媚帝[3]，更是以歌艺打
动了武帝。当然，因善歌舞而被武帝宠幸的人不
止卫子夫一个，有名有姓的女子还有李夫人、尹
捷妤等，其中他与李夫人的关系尤为亲笃。《汉
书·外戚传》中说："孝武李夫人，本以倡进。"
倡，即乐伎。那么，李夫人本为一名乐伎，怎么

被武帝看上了呢？据载，李夫人的兄长李延年，有一天在陪侍武帝时，边舞边唱道：

> 北方有佳人，绝世而独立。一顾倾人城，再顾倾人国。宁不知倾城与倾国，佳人难再得。

汉武帝一听，喟然叹息道："太好了！可世上哪有这样的佳人呢？"平阳公主就向武帝推荐了这位李夫人。武帝召来一看，李夫人果然"妙丽善舞"，不由得一见钟情，宠爱有加。但李夫人年轻轻地就去世了，武帝对她一直无法忘怀。他让画师将李夫人的形象描画下来，挂在甘泉宫里，早晚观瞻。但还是不行，心里依然"思念李夫人不已"。于是有齐国方士少翁，自称能让李夫人的神灵重现。夜晚，这位方士"张灯烛，设帷帐，陈酒肉，而令上居他帐，遥望见好女如李夫人之貌，还幄坐而步"。但由于汉武帝"居他帐"，无法近前看个明白，心里着急，就"愈益相思悲感，为作诗曰：'是邪，非邪？立而望之，偏何姗姗其来迟？'令乐府诸音家弦歌之"。作诗为歌仍未尽意，武帝又专门写了一篇《悼李夫人赋》，以进一步表其恩宠不绝、思念不已的绵绵情怀（《汉书·外戚传》）。

汉武帝不仅喜爱歌舞，而且在歌词创作方面也堪为大家。据史书载，他曾作《瓠子之歌》《芝房之歌》《交门之歌》《太一之歌》《大宛之歌》等。逯钦立在所纂辑的《先秦汉魏晋南北朝诗》中，收有汉武帝所作《瓠子歌》《秋风辞》《天马歌》《李夫人歌》《思奉车子侯歌》《柏梁诗》等数首歌词，其中《秋风辞》写得尤为沉郁悲慨，缠绵动人。辞曰：

> 秋风起兮白云飞，草木黄落兮雁南归。兰有秀兮菊有芳，怀佳人兮不能忘。泛楼船兮济汾河，横中流兮扬素波，箫鼓鸣兮发棹歌。欢乐极兮哀情多，少壮几时兮奈老何？

鲁迅对此歌词极是嘉赏，称其"缠绵流丽，虽词人不能过也"（《汉文学史纲要》）。

汉武帝在歌舞方面的另一大功劳便是设置了著名的"乐府"。作为官方的音乐机构，乐府的主要职能就是采集民歌俚谣。其用途大致有三：一为祭祀，二为娱乐，三为观风俗知民情。《汉书·艺文志》云：

> 自孝武立乐府而采歌谣，于是有代赵之讴，秦楚之风，皆感于哀乐，缘事而发，亦可以观风俗，知薄厚云。

这些感于哀乐、缘事而发的代、赵、秦、楚等地歌谣，被宫廷乐师李延年等人配上音调，即在祭祀、宴飨等活动中用以歌舞表演。《汉书·礼乐志》云："至武帝定郊祀之礼……乃立乐府，采诗夜诵，有赵、代、秦、楚之讴。以李延年为协律都尉，多举司马相如等数十人造为诗赋，略论律吕，以合八音之调，作十九章之歌。以正月上辛用事甘泉圜丘，使童男女七十人俱歌，昏祠至明。"从这里可以得知，乐府"俗乐"，已开始参与祭祀等重大活动，变成"雅乐"。正因如此，汉武帝设置乐府，就进一步推动了乐舞文化的大发展。

除高祖、武帝外，其他汉代皇帝也大都算得上是歌舞"票友"，有的甚至还非常精于此道，如景、宣、元、成诸帝即是。其中汉成帝对善舞的赵飞燕和善歌的赵合德姊妹二人的迷恋和专宠，更是尽人皆知的故事。它至少告诉我们，西汉皇帝们喜楚声、善歌舞已发展到何等程度。歌舞伎乐已不再仅仅是普通的伎艺活动，它实际上成了汉代帝王们重要的生活方式，并因他们位极至尊而使这一生活方式成为整个社会审美文化的主流价值取向。

皇帝们带动了整个汉代男权社会的乐舞文化需求，与之相应，汉代女性则大量地走向"乐伎"一途，以歌舞伎艺来争得自己生存发展的机遇。这一选择首先来自男权社会的强力压迫。秦始皇统一了中国，固然是一大进步，但他也同时将六国宫室的美人统统掠来为己所用，宫人女乐达万人以上。为造阿房宫，他还征用包括女乐在内的所谓"罪人"七十余万，"关中离宫三百所，关外四百所，皆有钟磬帷帐、妇女倡优……锦绣文彩，满府有余；妇女倡优，数巨万人；钟鼓之乐，流漫无穷"（《说苑》卷二十）。这可视为中国男权社会对女性群体的一次大掳掠、大剥夺、大奴役。

西汉的皇权统治虽较秦代稍温和，但女性整体上被掳掠被奴役的情势却有增无减。她们被大量地劫掠、购买、蓄养、禁闭在宫廷深宅里，供男权阶层享用。元帝时谏大夫贡禹曾奏书曰：
"古者宫室有制，宫女不过九人。……（而）武
帝时，又多取好女至数千人，以填后宫。……
（而今）取女皆大过度，诸侯妻妾或至数百人，
富豪吏民畜歌者至数十人。"（《汉书·贡禹传》）
实际上，贡禹这里所透露出来的具体数字恐怕是
已经打了折扣的。我们只能把这理解为女性、特
别是女伎情况的一个侧面，一个缩影。

当然，女性群体走向"乐伎"一途，其原因
也不完全来自男权社会的强力压迫，而是还有
更为复杂的缘由。当秦汉之际的大批女性被男权
社会掳为"女乐"、蓄为"舞伎"，在整体上沦为
低贱群体时，她们中的许多人却因此而受到命运
之神的"眷顾"，获得了跻身中、上层社会的机
会。不但有大量女子因妙善琴瑟歌舞而为王侯将
相、官宦世族、富豪吏民等纳为宠姬爱妾，地位
由"贱"而"贵"，而且其中一些女子还因此而
大受皇帝青睐与宠幸，从此一步登"天"，有的
因此成为妃嫔，"贵倾后宫"；有的则因此位尊皇
后，"母仪天下"。比较著名的有，汉高祖爱姬戚
夫人以"善为翘袖折腰之舞"（《西京杂记》）而

专宠后宫，高祖侍从石奋之姊因能鼓瑟而被召为美人，位比三公，汉武帝时的卫子夫因善歌唱而被立为皇后，汉武帝爱姬、李延年之妹李夫人亦因"妙丽善舞"而红极掖庭，汉宣帝之母王翁须因歌舞得幸于武帝之孙（号称"史皇孙"）而生宣帝，谥为悼后，而汉成帝对待赵飞燕姊妹俩的态度，就更是人所共知的了。

据说汉成帝有一次微服出宫，在阳阿公主家见到舞女赵飞燕，立刻为其轻盈高超的舞艺所倾倒，便马上召其入宫，封为婕妤，极尽宠幸。不久又将许皇后废掉，立赵飞燕为正宫。传说赵飞燕腰肢纤细，体态轻盈，"身轻若燕，能为掌上舞"。一次她在一个高台上表演歌舞《归风送远之曲》，成帝在一旁用文犀簪鼓击玉盆为她打着拍子。歌舞正酣，忽然一阵风吹来，飞燕随风扬袖飘舞，似欲乘风而去，吓得成帝急急喊人将她拉住。相传成帝还专门造了一个水晶盘，令宫人用手托盘，让飞燕在盘子上面跳舞。赵飞燕的妹妹赵合德，则擅长音乐，其歌声轻柔抒情，悦耳动听。她也被汉成帝召入宫中，封为昭仪。这可是当时除皇后外级别最高的嫔妃了。从此，这姊妹二人，一歌一舞，珠联璧合，把个汉成帝迷得神魂颠倒，无暇他顾了。

这种以歌舞伎艺而贵倾掖庭的情形，一直延续到东汉。如汉质帝之陈夫人，"少以声伎入孝王宫，得幸"，汉少帝之妻唐姬亦以歌舞见宠（《后汉书·皇后纪》）等等，皆属此类。大凡历朝各代，以声伎乐舞入宫的女子皆不鲜见，但因之专宠后宫、位极尊贵者，却大体以汉为最。这也说明了汉代乐舞文化的盛隆与发达。

毫无疑问，这种因妙善歌舞而一步登"天"的人生"神话"，对于女性群体来说，自然具有激励示范效应。于是，为了能得到填乎绮室、列乎深堂的人生机遇，一种习歌舞、善乐律、通伎艺的文化习尚便在大江南北的女性中盛行起来。于是便出现了诸如中山之地的"女子则鼓鸣瑟，跕屣，游媚贵富，入后宫，遍诸侯"（《史记·货殖列传》）的情景。《史记·货殖列传》还记述道：

> 今夫赵女郑姬，设形容，揳鸣琴，揄长袂，蹑利屣，目挑心招，出不远千里，不择老少者，奔富厚也。

这里写郑女赵姬抱着琴瑟，穿着舞鞋，不远千里、"目挑心招"地"奔富厚"的情景，与前述中山女子的"游媚贵富"之举，可谓同出一辙。实际上，不止郑、赵、中山之地的女子是这样，几乎全国各地的女子也都是如此。正如班固在《西都赋》中所说：

> 于是既庶且富，娱乐无疆。都人士女，殊异乎五方。游士拟于公侯，列肆侈于姬姜。

仅西京长安一带，就聚集着来自全国各地（"五方"）的女子，而从"娱乐无疆"一语看，这些女子肯定不少是从事歌舞伎乐的。由此，汉代乐舞的繁盛状况可见一斑。

总之，通过聚焦于皇帝与"女伎"这两类人，我们大体可以窥见，乐舞伎艺确实已成为汉人在典礼、祭祀、交际、生活等许多方面须臾难离的基本"节目"。由史书记载可知，歌舞伎乐已遍布于汉代社会生活方方面面，郊庙祭祀有"雅乐"，民间有鼓舞乐，天子进食有食举乐，欢宴群臣有黄门鼓吹乐，振旅献捷有军乐，出行卤簿有鼓吹乐，豪富吏民宴婚嘉合亦有乐，丧葬有挽歌，甚至到了"今俗因人之丧以求酒肉，幸与小坐而责辨，歌舞俳优，连笑伎戏"（桓宽《盐铁论·散不足》）的地步。这说明，歌舞伎乐是西汉社会一道最鲜亮的审美文化景观。

犷放雄健的壮美形态

从这种社会性、全民性的乐舞文化景观中，我们感受最强烈的是什么呢？简单说，就是一种"万舞奕奕，钟鼓喤喤"（张衡《东京赋》）的浩荡场景，以及从中显露出来的粗犷奔放、雄肆健朗的壮美文化形态。这是秦汉之际乐舞文化区别于其他时代乐舞的突出审美特点。

首先最强烈地震撼我们的，是该时代歌舞那种浑厚、苍凉、高亢、雄壮的"音响效应"。傅毅《舞赋》中有句曰："动朱唇，纤清阳，亢音高歌为乐方。"即指出了汉乐舞以高亢为主的审美特点。特别值得一提的是鼓的作用。汉代主要的舞蹈大都以鼓为名，如著名的"鞞鼓舞""**建鼓舞**（003）""盘鼓舞""鼗鼓舞"等等，都是以鼓为主导乐器的。所以"鼓舞"堪称汉代乐舞的主要形式。除鼓之外，还有以铎、钟、磬、铃、钲等响器为道具的舞蹈，如"铎舞""磬舞"等。通常，这些响器主要跟鼓配合使用，从而构成了以打击乐为主要伴器的舞乐声响效果。可以想象，当这些鼓乐响起，诉诸人们听觉的，该是一种多么高亢激越、铿锵有力、节奏强烈、恢弘雄壮的大声响！打击乐一般具有强烈宏壮之效果，而鼓尤其如此，所以，

003　建鼓舞（河南唐河汉画像石）

以鼓为主，伴以铎、钟、磬、铃、钲等响器的舞乐大声响，再同苍凉浑厚、亢扬豪放的歌唱之声交汇一处，其振聋发聩、惊心动魄的雷霆般大气势，确实是够壮美的。对此，当时人多有记述。《汉书·礼乐志》中有"殷殷钟石羽龠鸣"之句，班固《东都赋》中有"钟鼓铿鍧，管弦烨煜"之辞，张衡《东京赋》中有"撞洪钟，伐灵鼓，旁震八鄙，軯礚隐訇，若疾霆转雷而激迅风也"之语，曹植《鞞舞歌·大魏篇》中有"乐人舞鞞鼓，百官雷抃赞若惊"之叹……从这些描述中，不难感受到西汉歌舞追求宏大之美、壮伟之势的那种场面与气魄。

其次，西汉歌舞的动作一如其声响，也一般显示出粗犷、劲健、迅急、有力的审美特征。在这方面，各种"鼓舞"为最典型。如**"盘鼓舞"**（004），舞人不仅要踏鼓，还要踏盘，其动作就容不得迟缓拖沓，慵懒无力。它必须表现为旋转、跨越、奔跳、腾挪、蹬踏、跃动等一系列"刚性"姿态。

汉代傅毅在《舞赋》中专列一段文字来描写"盘鼓舞"，其中即描写了女舞人（即本赋开头所说

004　盘鼓舞（四川彭县画像石）

汉代傅毅在《舞赋》中是这样描写"盘鼓舞"的：其少进也，若翱若行，若竦若倾，兀动赴度，指顾应声。罗衣从风，长袖交横，骆驿飞散，飒擖合并。鷭鶗燕居，拉揩鹄惊，绰约闲靡，机迅体轻。……仿佛神动，回翔竦峙。击不致策，蹈不顿趾，翼尔悠往，暗复辍已。及至回身还入，迫于急节。浮腾累跪，跗蹋摩跌。纡形赴远，灌似摧折。"郑女"）独舞、群舞的情景。惟其为女舞人，所以句中免不了一些"柔性"描写，如"绰约闲靡""机迅体轻"之类，从中不难领略女舞人动作的轻柔舒缓、飘忽娇媚之态。但她们又毕竟是大汉时代的女舞人，因此她们的动作姿态更多的是柔中见刚，婉而有力。从傅毅的描写中可以看出，她们的举手投足，旋动跳跃，确实让人感受到一种强烈的出似疾风、跃比惊鸿、静若处子、动如脱兔的矫健之气和疾速之美。这是西汉审美文化特有的阳刚品格在女舞人动作中的反映。

男舞人的动作姿势就更是如此了。从汉画像石、画像砖资料中得知，"武舞"在当时是很发达的。这些"武舞"大都为手执武器的舞蹈，并以所执武器种类为舞名，主要有"剑舞""棍舞""刀舞""干舞""戚舞""**拳舞**"（005）等，而其舞人自然多为男性，其舞姿也多呈劲健威猛、刚伟有力之形象。"剑舞"则剑拔弩张，"棍舞"则凶险激烈，"干舞"（即"盾牌舞"）则紧张雄峙，"戚舞"（执斧而舞）则横蛮勇猛，"拳舞"则抑扬骁勇，"刀舞"则

005 拳舞（河南南阳汉画像石）

威势逼人……总之，无一不透着一股犷野雄豪之气魄。

需要一说的还有汉代流行的"长袖舞""巾舞"。这类舞男子和女子都可表演，以挥舞长袖或双巾为特色。通常说来，这种舞蹈容易显得较为柔媚。但实际上，西汉以来的"长袖舞""巾舞"，虽不乏体态轻盈、婀娜多姿的优美造型，然而更多的却显露出一种狂放飞扬、健朗奋发的时代气息，反映了一种感性化、动态化的壮美文化精神。这一方面是因为这些舞蹈往往有建鼓、鼙、铙等具有宏大音响的响器伴奏，另一方面也因为其动作本身也显示出一种勃扬风发的力度美，即傅毅所谓"罗衣从风，长袖交横"（《舞赋》），边让所谓"长袖奋而生风"（《章华台赋》）等。"长袖舞"的基本舞姿就是左手抚腰，右臂上举，抛长袖高扬过头，再顺左肩垂拂而下，有时则是右袖高扬过头，左袖飘曳于地，左腿微曲而立，右腿向后蜷起，皆呈奔跃挥舞尽力张扬之势态。"巾舞"（006）动作皆进退迅速，奔跑奋力，矫捷激越，翩然壮观。

再次，汉乐舞文化的壮美形态还表现在其

006　巾舞（河南南阳汉画像石）

舞人手舞双巾，使其在身体两旁上下抛扬，转环飘飞，或一手让长巾扭动翻飞，一手使长巾斜曳拖下；或右脚踏鼓，双手舞巾，一巾向右上方展飞，一巾向左下方飘扬。

"巨型化"场面与规模上。最有代表性的要数西汉始盛的"相和大曲"和"角抵百戏"。

"相和大曲"堪称汉代民间的大型歌舞曲。《晋书·乐志下》说："相和，汉旧歌也，丝竹更相和，执节者歌。"这说明相和大曲即起于汉代。该书又说："凡此诸曲，始皆徒歌，既而被之管弦。"这是说相和大曲原为清唱歌曲，后来加上管弦伴奏，配以舞蹈形式，就成了融歌、舞、器乐于一体的相和大曲。相和大曲的曲体结构复杂。《乐府诗集》卷二十六的"小序"说："诸调曲皆有辞、有声，而大曲又有艳、有趋、有乱。辞者其歌诗也，声者若羊吾夷伊那何之类也，艳在曲之前，趋与乱在曲之后。"所谓"艳"，即大曲之先的一段引子，算是一段舞蹈序曲。所谓"趋"和"乱"，有人说是两种器乐过门，伴有舞蹈，还有的说"趋"是形容迅急奔放的舞蹈步法的，而"乱"是形容演奏末章时众音鸣奏的声响的，二者均为歌舞曲的高潮部分。由此可知，相和大曲是一种有序曲、有过门、有主体、有尾声的大型歌舞形式，其结构俨然为一种歌舞剧，最适宜表现相对丰富复杂的现实内容。据《宋书·乐志》载，汉魏"相和大曲"传至南朝宋，尚存有十五曲，那么可以推断在汉代繁荣期它的歌曲数量会更多一些。这样，它在体制规模上就自然不同于一般的杂舞小曲，它显得要庞大、恢弘得多，所以，被冠以大曲之名是不过分的。

"角抵百戏"是西汉盛行的一种集乐舞、杂技、幻术、俳优等为一体的大型表演样式，类似今天的"艺术节"或"综艺大观"节目形式，但乐舞在其中仍为主角。张衡在《西京赋》中就记载了一次大场面、多内容的"百戏"活动。此次百戏演出共有五场，其名目分别是："百戏""总会仙倡""曼延之戏""东海黄公""侲僮程材"。"百戏"主要为乐舞杂技节目，"总会仙倡"是仙人仙兽的歌舞会演，"曼延之戏"为模仿鱼龙巨兽的歌舞表演，"东海黄公"为以"黄公斗虎"为中心情节的歌舞戏，"侲僮程材"则为幼童在行进的车上奏乐跳舞、攀援倒挂的"戏车"表演。从这些内容可以看出，尽管角牴百戏的场次、内容、节目、艺种繁杂多样，但都以载歌载舞为主要形式，或者说，都以乐舞表演贯穿始终，可见**舞乐百戏**（007）。从张衡所记节目也可看出，以乐舞表演为主的角牴百戏具有大、全、多、杂、奇、险等特点。

　　角牴百戏之"大"，即场面大，规模大。仅张衡所记的"五场"演出机制，以及包括乐舞、倡伎、幻术、武打、杂技等节目内容，就足可想见其庞大的演出场面和规模。张衡描述说："临迥望之广场，程角牴之妙戏。"（《西京赋》)《汉书·汉武纪》则记载说："（元封）三年春，作'角牴戏'，三百里内皆观。"

007　舞乐百戏（河南南阳汉画像石）

　　角牴百戏之"全"，即表演风格齐全，中外、古今、南北、东西，各民族、各地域的节目荟萃一堂，争奇斗妍。班固在《东京赋》中说："四夷间奏，德广所及，僸佅兜离，罔不具集。"这里所谓"四夷"，即四方少数民族。"僸佅兜离"，即指各民族乐舞之名。"僸"为北夷乐名，"佅"为东夷乐名，"兜离"是西夷乐名。"四夷间奏"，"罔不具集"，表明四方各族荟萃京都的表演盛况。《汉书·西域传下》记载说，汉武帝为了招待四方来客，在京都举行盛大演出，"作'巴俞'都卢，海中'砀极'，漫衍鱼龙，角牴百戏以观视之"。这里的"巴俞"，指四川巴俞地区少数民族板盾蛮的舞蹈，而"都卢"则指今缅甸一带的古国"夫甘都卢"人所表演的爬杆杂技。

角牴百戏之"多"，即节目门类杂多。"角牴百戏"从最初的武功杂技，发展到秦二世时的"角牴优俳之观"（《史记·李斯传》），戏乐歌舞性质渐强；至西汉，其歌舞杂技的表演愈加丰富；至东汉容量更大，几乎包括了当时各种表演技艺和节目类别，真正从"角牴"变成"百戏"。据张衡《西京赋》载，"角牴百戏"所演节目除以歌舞贯穿外，还包括扛鼎、角力、爬杆、跳丸、踩钢丝、钻火圈、戏豹、舞罴、白虎鼓瑟、苍龙吹篪、人兽共乐、百兽乱舞[4]、象人幻术、吞刀吐火、戏车舞乐、驰马掷剑等品种门类，令人目不暇接。可以看出，"角牴百戏"已使单一的竞技表演综合为一种结构复杂、花样繁多的歌舞戏形式，其巨大的"综艺"场

008　象人斗咒（河南南阳汉画像石）

景是可以想见的。

　　角牴百戏之"杂"，是指它表现了人与仙、人与兽相杂共处的奇异世界。特别是"总会仙倡""曼延之戏""东海黄公"三场尤其如此。凶猛的龙虎熊罴与美丽的娥皇、女英（帝尧的两个女儿）和平共处，鱼龙巨兽、龟蛇豹猿的歌舞戏乐，人虎相斗、人为虎杀的悲剧故事，这一切都显示着古人对人与仙、人与兽关系的理解与阐释，如**象人斗咒**（008）。另外，说它"奇"，说它"险"，则是讲"角牴百戏"有幻术之奇，杂技之险等等。

　　总之，汉代乐舞以其浩大壮观、眩人耳目的审美文化场景，鲜明地显示出一种感性盈满、犷放雄健的阳刚形态，壮美风格。

以"俗"为尚的审美品格

西汉以来的乐舞艺术，其肇于"楚声"、合于"北调"的文化背景，内在地决定了它的非官方化、非文人化、非规范化色彩。这也就意味着，不是"雅"，而是"俗"，构成汉乐舞艺术的主要特色。

"俗"与"雅"是两个相对的审美文化范畴。关于"雅"，《玉篇·佳部》解为："雅，正也。"《释名·释典艺》解为"言王政事谓之雅"。就是说，大凡正统的、正规的、官方的、典范的、纯正的、严肃的、"高尚"的等等审美文化现象，即为"雅"。就乐舞说，"雅"还特指典正规范的宫廷乐舞。关于"俗"，《说文·人部》解为："俗，习也。"张守节《史记正义》曰："上行谓之风，下行谓之俗。"由是观之，那种与官方正统文化相对的、民间的、大众的、不规范的、非正统的、通俗的、浅易的、粗野的、欲望化（"俗"与"欲"通）的等等审美文化形态和品格，都可归于"俗"。就乐舞说，"俗"则特指那种感性自由的民间乐舞。

可以说，西汉伊始，"俗"乐舞迎来了它真

正的黄金时期，我们前面提到的汉代主要的乐舞形式，诸如"盘鼓舞""建鼓舞""铎舞""鼗舞""长袖舞""巾舞"，以及"相和大曲""黄门鼓吹""角牴百戏"、乐府民歌等等，都是典型的"俗"乐舞。特别是汉武帝扩充乐府机构，更使大量的民间乐舞获得一条通往宫廷的正规渠道。"俗"乐舞在宫廷中被称做"散乐""杂舞"。《乐府诗集》卷五十三说：

> 杂舞者……始皆出自方俗，后浸陈于殿庭。盖自周有缦乐散乐，秦汉因之增广，宴会所奏，率非雅舞。

实际上，殿庭中逐渐增广的"率非雅舞"情况，并不限于宴会，它已进入更正规、更严肃的场合。所以，"俗"乐舞自西汉始首次拥有了一种官方化与民间化浑然不分的双重性格，"俗"也由此成为一种上下趋同的主流化审美时尚。这一点，应视为中国审美文化史上一个值得注意的、具有文化重构意义的现象。

西汉宫廷乐舞所采取的以"俗"为"雅"方式，比较典型。一般地说，宫廷乐舞当为雅乐舞，这是历代奉守的一个惯例。西汉王朝也不例外。它从汉初就设了"太乐署"，专门管理宫廷用来郊庙祭祀、朝飨射仪的雅乐舞。它与专管民间俗乐舞的"乐府"可谓各司其职，分工有别。但由于秦代搞了个"焚书坑儒"，致使雅乐不传，即使偶有遗留，汉人也多不能解。《汉书·礼乐志》载："汉兴，乐家有制氏，以雅乐声律世世在大乐官，但能纪其铿锵鼓舞，而不能言其义。"既然连在太乐署供职的乐官都不解雅乐之意，那其他人对它就更茫然不知了。对此，汉武帝曾不无焦虑地指出："民间祠尚有鼓舞之乐，今郊祀而无乐，其称乎？"（《史记·孝武本纪》）于是，就有一位河间献王出来"献所集雅乐"，"献《八佾》之舞"。武帝也让太乐署组织排练雅乐舞，以为备用。但费了半天劲，当时祭祀常用的"郊庙诗歌"依然还是"未有祖宗之事"，依然还是"皆非雅声"（《汉书·礼乐志》）。这意味着，太乐署推行雅乐的工作做得并不好。既然雅乐无法完成神圣的郊祀用乐的使命，只好由乐府统管的俗乐舞来代行雅乐舞之职了。前述武帝"乃立乐府，采诗夜诵，有赵、代、秦、楚之讴"等，即为此事。

其实，孝武之前以"俗"为"雅"的事就已经有了，这便是刘邦舞唱的那支《大风歌》，在他儿子惠帝刘盈那里，成了专门用来祭祀高祖庙的雅乐舞。这样，民间俗乐舞自汉初起便堂而皇之地步入了皇宫殿庭，登上了大雅之堂。

《汉书·礼乐志》说：

> 今汉郊庙诗歌，未有祖宗之事，八音调均，又不协
> 于钟律，而内有掖庭材人，外有上林乐府，皆以郑声施
> 于朝廷。

"郑声"可谓俗乐舞的代表。"皆以郑声施于朝廷"，说明俗乐舞已取代雅乐舞而成为官制。雅乐舞作为宫廷乐舞的正统身份和独霸地位，在汉代确已风光不再。

既然宫廷乐舞皆为"郑声"，那王室公卿列侯豪门大族，以及整个汉代社会都纷纷以"俗"为"雅"，也就一点不奇怪了。《汉书·成帝纪》中说："公卿列侯亲属近臣……多畜奴婢，被服绮縠，设钟鼓，备女乐"，进而"吏民慕效，寝以成俗"。而到汉哀帝时，"郑声尤甚"。一些专门在宫廷表演俗乐的黄门名倡，因此而成了富

豪显贵，而那些皇亲国戚们更是肆无忌惮，到了"淫佚过度，至与人主争女乐"的地步。汉哀帝本人对此看不太惯，就下诏制止俗乐的泛滥，"然百姓渐渍日久，又不制雅乐有以相变，豪富吏民湛沔自若"（《汉书·礼乐志》），最终也没能制止得了。

这一尚"俗"之风到东汉不但没有收敛，反而变本加厉，愈演愈烈，以至形成"妖童美妾，填乎绮室；倡讴伎乐，列乎深堂"（《后汉书·仲长统传》）的流行风气。至此，以"俗"为尚的乐舞文化已趋蔓延浮靡之极端。

俗乐舞为什么会从西汉开始渐趋盛行？它对于我们把握这一时代审美文化的特点有何意义？从直接的、显在的原因看，汉代俗乐舞的盛行，主要是由于秦代以来雅乐舞的熄亡不传，再加上西汉统治者，大都出身平民，多数熟悉"楚声"，喜好俗乐，而对西周以来的所谓雅乐反倒不太了解，更谈不上多少雅乐修养。所以，有他们的身体力行，俗乐舞的蔚成主流就很自然了。

从俗乐舞的内在审美本性看，它在汉代的

大行其道，与其长于显志抒情，比较即兴随意，具有"娱耳目乐心意"（司马相如语）的功能有着更为内在的关系。一般而言，俗乐舞并不承担什么重大、严肃、神圣之类的王道话语和政教主题。它往往是言"切近"之事，发"一己"之情，与当下的特定氛围、场合、情绪等因素直接相关。人们心有所感，情有所动，便引吭高歌，顿足而舞，既没有特定的外在功利目的，更没有超验的形而上憧憬，而只是为了一展郁愤，一泄幽情，从中获得耳目之娱，心意之欢罢了。在很大程度上，俗乐舞是以娱乐、特别是自娱为主的。它是一种个体存在的自述和放纵，一种世俗生命的沉醉与欢欣，有时甚至是本能自然的"宣泄性"行为方式。司马迁外孙杨恽在《报孙会宗书》中讲到自己失爵归田后的生活时说：

> 田家作苦，岁时伏腊，亨羊炰羔，斗酒自劳。家本秦也，能为秦声。妇，赵女也，雅善鼓瑟。奴婢歌者数人，酒后耳热，仰天拊缶，而呼乌乌。……是日也，拂衣而喜，奋袖低昂，顿足起舞，诚淫荒无度，不知其不可也。（《汉书·杨恽传》）

这段文字，典型地描述了汉人歌舞活动的即兴性、随意性、自然性、表情性特点。辛苦劳作的人们，在夏伏冬腊两大祭祀季节里，宰杀羊羔，烤肉喝酒，这是一个多么惬意快乐的日子！喝到脸红耳热时，不由得仰望苍天，敲击瓦盆，唱起了乌乌之声的秦曲。兴奋之余，又情不自禁地振衣而起，舒放长袖，低俯高仰，顿足欢舞起来。即使这真的算是太过放纵，也不知道有什么不可的啊。

以"俗"为尚、旨在娱乐的乐舞艺术，给西汉以降的审美文化设定了一种基调，一种品格。它的主流倾向是感性化、现世化、人间化、世俗化的。近些年美学界有一种似成定论的观点，即用"浪漫主义"来界定"楚汉"审美文化。"楚"文化是不是浪漫主义，此处先不讨论，至于说"汉"文化是浪漫主义，恐怕是值得怀疑的。"浪漫主义"作为一个引自西方的术语，其本意无非有两方面：一方面是强调主观抒情、自由表意；另一方面，它所抒之"情"，所表之"意"，均非尘俗之情，现世之意。相反，它所标榜的情意，是一种竭力摆脱大地、离开尘俗、回避现世、拒绝此岸的情意，是一种纯精神的、形而上的、非现实的、超感性的情意，是一种"天上"的、"彼岸"的、"神性"的、宗教化的情意[5]。一句话，原本意义上的"浪漫主义"与西汉以来以"俗"为尚的审美文化是不相经纬的两回事。汉代审美文化那种浓郁而普遍的尘俗品格、现世意味和感性趣尚，无论如何都难以跟西方那种所谓的"浪漫主义"等量齐观。所以，用"浪漫主义"界定包括乐舞在内的汉代艺术，是一种总体上的"误读"。汉代乐舞艺术、汉代审美文化的基本特征之一是明明白白的以"俗"为尚，是鲜明的感性化、世俗化、娱乐化。它让我们感受到的是深深的现世意趣和浓浓的人间情怀。

〔1〕　主要是当今陕西、甘肃、内蒙一带。

〔2〕　不仅刘姓皇族，连汉初大臣也大都为南方人。

〔3〕　因为汉武帝对美女皆"不悦"。

〔4〕　所有动物皆为人所假扮，疑为古老的傩戏形式之衍变。

〔5〕　参见仪平策《中西宗教文化与浪漫主义》,《中国比较文学》1993 年第
　　　 2 期。

鲁迅在谈到汉唐人对待外来事物的胆魄时说过这样的话：

> 遥想汉人多少闳放，新来的动植物，即毫不拘忌，来充装饰的花纹。……
>
> 汉唐虽然也有边患，但魄力究竟雄大，人民具有不至于为异族奴隶的自信心。

> 或者竟毫未想到，凡取用外来事物的时候，就如将
> 彼俘来一样，自由驱使，绝不介怀。(《坟·看镜有感》)

鲁迅在这里虽不是专谈审美文化，但却触到了汉唐，特别是汉代审美文化的精魂所在。"多少闳放""究竟雄大"等语，在似乎不经意间，将汉人特有的审美心态、襟怀、气魄、情采、境界等说了个正中鹄的。

约而言之，"闳放"者，宏大豪放之谓也；"雄大"者，雄浑博大之谓也，均离不开一个"大"字。"大"，可以说是秦汉之际审美文化的典型特征。

这个"大"，当然主要指的是秦汉之际人们的胸襟之大、眼界之大、信心之大、气魄之大，总之是"内在世界"之大。但综观秦汉之际，这种主体的"内在世界"之大是通过感性的"外在世界"之大体现和张扬出来的。换言之，秦汉之际所表现出来的"大"，更主要更突出的是一种感性的、外在的"大"，是一种空间上、体积上、直观上、物象上的"大"，是人的感官可以强烈地直觉到的那种宏大、博大、高大、雄大。这就

构成了秦汉之际那种独步千古、垂范万代的"大美"型审美文化气象。

这一"大美"型审美文化气象，我们在汉乐舞的犷放雄健中已略窥一二，而在秦汉之际的文化造像中，我们会更加直观地感受到它。

这里所谓文化造像，主要指的是诸如都城、宫苑、陵墓、雕刻、塑像之类具有实用文化功能的空间审美造像。这些融实用性和艺术性于一体的文化造像，构成了秦汉时代审美文化的重要组成部分。

从"大一统"到"大汉"意识

要了解秦汉之际文化造像的历史的、审美的意蕴，还要从当时的"大一统"社会格局说起。

从根本上说，"大一统"是中华民族的一种积淀深厚、传承久远的历史文化"情结"。自西周衰亡、平王东迁以来，中国社会就陷入一种长时期的动荡分裂状态。"春秋五霸""战国七雄"，便是这种动荡分裂状态的历史写照。然而，由乱而治，由分而合，四海归一，天下一统的历史内在欲求却也一直未曾停息过。特别是到了战国时代，这种"大一统"的民族意志火焰更呈逐日升腾之势。孟子呼唤"天下定于一"（《孟子·梁惠王上》），荀子提倡"四海之内若一家"（《荀子·议兵》）等等，便反映了这一时代人们的共同心态。战国末年以"杂家"著称的《吕氏春秋》一书明确指出"乱莫大于无天子"（《谨听》），主张"必同法令"（《不二》），认为"善学者，假人之长以补其短。故假人者遂有天下"（《用众》），即强调思想文化上的取长补短，容纳百家，以形成一统天下之理论。这可以视为"大一统"的历史欲求在意识形态领域的一种折射和反响。

所以，秦王嬴政灭六国，并海内，建立了中国历史上第一个统一的专制主义中央集权的秦皇王朝，正是顺应了历史发展的内在欲求和必然趋势。不过秦朝国祚短促，仅历15年，便在秦末农民大起义的狂涛巨澜中灰飞烟灭了。

然而这种"大一统"的历史潮流既已形成就不可阻挡。公元前202年，刘邦称帝，定都长安，是为西汉。由此，一个多民族高度统一的中央集权的大汉帝国便以更稳固更强盛的姿态屹立在世界东方。特别到汉武帝时代，通过实施对外保疆拓域、对内专制集权的统治方略，使汉王朝成为当时地域最广阔、势力最强大的国家，与世界上同时期的安息帝国、罗马帝国鼎立三强。

汉王朝的"大一统"不仅是版图上的、政治、经济上的，而且也是思想文化上的，它使秦汉之际，特别是西汉时代的人们变得眼界远了，胸怀宽了，心志高了，气魄大了。这突出表现在他们对"大一统"内涵的"扩张"型理解上，主要是认为大凡天上地下、山川草木、宇宙人物，无一不系乎"王者"，归乎"统一"。汉代盛行的《春秋公羊传》对此就说得非常明白。《公羊传·隐公元年》记曰："元年，春，王正月……何言乎王正月？大一统也。"对此，西汉大儒董仲舒给了这样的解释：

> 《春秋》大一统者，天地之常经，古今之通谊也（《汉书·董仲舒传》）。

"大一统"在这里成为一种绝对的、普遍的、永恒的道理和法则，而汉代高度集权的君主统治则

是这一道理和法则的充分体现。东汉经学家何休
注《公羊传》"大一统"句时则说：

> 统者，始也，总系之辞。夫王者始受命改制布政，
> 施教于天下。自公侯至于庶人，自山川至于草木昆虫，
> 莫不一一系于正月。故云政教之始。

何休所谓"自公侯至于庶人"，为政权的大一统，
而"自山川至于草木昆虫"，则为所有权的大一
统，同时这些又都是"政教之始"，所以是政权、
所有权和道德伦理的大一统。显然，这是一个将
天地、时空、疆域、万物、人伦、道德、政治、
宗法等世界万象、人间众有都囊括其中、统于一
体的"大"境界。

这个"大"境界包括两个层面：一层是"天
地之大"，一层是"王道之大"。前者是后者之表
象，后者是前者之依归，二者皆以"大一统"为
相互契合的前提和根本。这个由"大一统"的社
会文化格局所规定、由"天地之大"和"王道之
大"所构成的"大"的境界，最终形成了汉代人
们的"大汉"意识。

司马相如在献给汉武帝的《封禅书》中充满

激情地表述了这一"大汉"意识:

> 大汉之德,逢涌原泉,沕潏曼羡,旁魄四塞,云布
> 雾散,上畅九垓,下泝八埏。怀生之类,沾濡浸润,协
> 气横流,武节焱逝……(《汉书·司马相如传》)

在司马相如的心目中,大汉王朝的恩德教化犹如
汹涌的源泉,浩然盛大,广被四方,上达于天之
九重,下流于地之八际。凡有生命之物,都受到
浸润濡染,其和气广布四表、威武如炎之盛……
这是一种何等伟大的气魄,又是一种何等壮丽的
景象啊!司马相如这一"大汉"意识,实际代表
了汉人的普遍心态,反映了整个时代的主流政治
观念、民族精神和文化理想。

　　这种由"大一统"而产生的"大"境界,以及
在此基础上形成的整个时代的"大汉"意识,直接
地、深刻地、有力地陶铸了秦汉之际的"大美"观
念和"大美"气象。"大美"是这样一种美,一方
面它是感性的、物象的、空间的、造型的"壮美",
是一种直观形态的大、高、险、峻、壮、阔、远、
强等;一方面这种感性物象的"大美"又是秦汉之
际审美文化精神的一种凝结,一种"对象化"。它

强烈显现着时人那种"苞括宇宙，总览人物""控引天地，错综古今"[1]的博大气概和豪迈情怀，显现着时人"兴废继绝，润色鸿业"（班固《两都赋序》）的政治抱负和王道理想。

"非壮丽无以重威"：都城风貌

都城是一国政治、经济、文化之中心，故其城市建设的整体布局、造型体式和建筑艺术均具代表性和典范性，可以反映出特定时代统治阶级的权力意识以及整个社会的主导性文化精神和审美理想。

秦统一后定都咸阳。通过建造咸阳都城，秦为西汉乃至以后"大一统"格局中的都城文化风貌提供了基本思路和范式。

首先是注重文化的包容性和综合性。秦始皇摒弃了战国以来的传统城郭制度，将各国都城样式综合起来，使之融通为一。《史记·秦始皇本纪》说："秦每破诸侯，写放其宫室，作之咸阳北

阪上，南临渭，自雍门以东至泾、渭，殿屋复道
周阁相属。"也就是说，在咸阳以东、南临渭水的
北阪上的建筑，都是各国宫室建筑式样的撷取融
合。很显然，这种大包容、大综合的都城建筑方
式，体现的正是一种"大一统"的审美文化气概。

其次是讲究整体规划，有序布局。《三辅黄
图·咸阳故城》载：

> （始皇）二十七年，作信宫渭南，已而更命信宫为
> 极庙，象天极。自极庙道骊山，作甘泉前殿，筑甬道，
> 自咸阳属之。始皇穷极奢侈，筑咸阳宫，因北陵营殿，
> 端门四达，以则紫宫，象帝居。渭水贯都，以象天汉；
> 横桥南渡，以法牵牛。

这一段文字，讲的就是秦始皇按照神话传说和天
文星相中的"天极""紫宫""天汉""牵牛"等
的分布秩序来规划都城，布置皇宫。在渭河南
岸建信宫，模拟"天极"以为正朝。在渭河北岸
筑咸阳新宫（北宫），模拟天帝住的"紫微天宫"
以为正寝。南北之间贯穿渭水，象征银河，而水
上一桥，则好比牵牛星。这一规划布局，前朝后
寝，南北呼应，强调轴线，追求对称，虽是模拟

神话天象，反映的却是皇权尊严、伦理秩序，体现出了京城皇都特有的整肃与威势。

再次是讲究工程宏伟，规模巨大。咸阳城原为秦孝公所营建，当时规模较小，且只在渭水北岸。秦始皇定都咸阳后，又把都城扩至渭水南岸，形成跨水而建的大都会。他征用刑徒七十万人，集中天下人力物力，在渭河两岸建宗庙，造灵台（又称章台），营筑大批宫室、苑囿、陵墓等，其范围东至黄河，西到汧水，南至南山，北到九嵕，其建筑高台入云，复道凌空。工程之巨，规模之大，亘古罕见，呈现出一种前所未有的大景观、大气度的美。

秦代都城的"宏大雄伟，整肃壮观"，显示的是秦始皇的赫赫威权，煌煌功业，体现的是"大一统"的规范和气概，也表征着一种"大美"型都城文化范式的形成。

汉承秦制，但又不泥于秦制。在都城建造上，如果说秦都的"大美"更偏于"宏大"的话，那么西汉都城在沿袭"宏大"的同时，更表现出一种"壮丽"——一种更讲究雄壮华丽的"大美"，可见《汉（唐）长安城平面示意图》（009）。

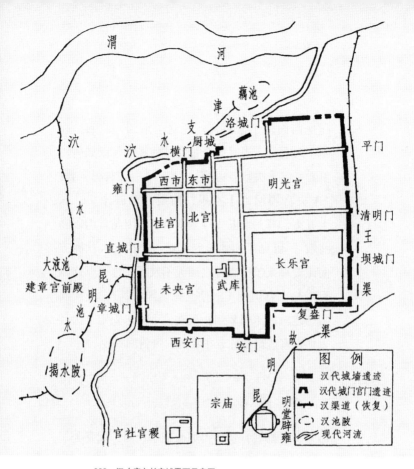

渭河

藕池

津

支水城厨城

洛城门

沈水

横门

沈水

平门

西市 东市

雍门

明光宫

桂宫 北宫

清明门

直城门

王坝城门

大液池

昆明池

渠

建章宫前殿

长乐宫

章城门

未央宫 武库

复盎门

渠

西安门 安门

故

明

宗庙

昆

渠

揭水陂

图　例

■ 汉代城墙遗迹
Ը 汉代城门官门遗迹
⌐ 汉渠道（恢复）
◯ 汉池陂
≈ 现代河流

官社官稷

明堂辟雍

009　汉（唐）长安城平面示意图

　　西汉都城以汉惠帝时建成的西京长安为代表。长安城以渭水南岸原秦兴乐宫故地为基址，其位置在今西安城西北约十公里处。这是一处南高北低的高地。当刘、项之争尚未结束时，高地东面的兴乐宫就被改建为长乐宫。西汉八年又在高地西面建了未央宫，还立了东阙、北阙、武库、太仓等。当时这个长安城的规模气派如何？单看一下未央宫就可窥知一二。《三辅黄图》载："未央宫周回二十八里，前殿东西五十丈，深十五丈，高三十五丈。营未央宫，因龙首山以制前殿。"可见汉初的长安都城，即在宏大壮丽方面比秦都咸阳已有过之而无不及了。这一点连高祖刘邦也意识到了。他"见宫阙壮甚"，便质问主持建城的丞相萧何：现在天下尚未安定，为什么把宫室造得如此豪华壮丽？萧何回答说：

> 夫天子以四海为家，非壮丽无以重威，且无令后世有以加也。（《史记·高祖本纪》）

原来，将都城宫室造得如此豪华壮丽，就是为了炫耀和强调帝王的权威，而且，为了表明帝王权威的至高无上，永世长存，还要把这种"壮丽"搞得登峰造极，无以复加！这里所透露出的是怎样一种傲睨天下、雄踞古今的历史情怀啊！当然，我们还可以从另一个角度看，在萧何那里，"壮丽"只不过是炫示帝王权威的一种"策略"而已。但实际上，"壮丽"在这里恰恰是雄心勃勃、一统天下的大汉帝国的一种时代"幻想"，一种历史"标识"，一种审美"范型"。

武帝时，长安城得到进一步扩建，兴造了城内的桂宫、明光宫和城西的建章宫与上林苑。考古调查证实，长安城周长达 25 公里，约合汉代 60 里强，比当时的罗马城大 3 倍。有 12 座城门，16 座桥梁，城市有八街（南北）九陌（东西）、东西九市、三宫、九府、三庙和一百六十闾里。城内经纬相通，"街衢相径"。张衡《西京赋》说："廓开九市，通阛带阓，旗亭五重，俯察百隧"，正是这一大都城宏阔构造的真实写照。据班固《两都赋·西都赋》说，自高祖至孝平，经过 12 个皇帝的不断修建，长安城变得越来越"崇丽"，越来越奢华了：

> 肇自高而终平，世增饰以崇丽；历十二之延祚，故穷泰而极侈。

可以想见，都城长安发展至此，比之汉初又不知"重威"了多少倍，"壮丽"了多少倍！

中国古代都城自秦汉之际讲究整体布局上的中心突出，对称有序，也是构成其偏于壮丽的一大要素。西汉长安在这方面尤有较大发展。城南向阳的高地上分布着主要的宫室、官署、府第，而城北的低地则主要是商市和民居。城南郊则建有一片排列整齐，规模宏大的礼制建筑。全城三分之二为皇室、贵族占有，其中，未央宫就占全城面积近四分之一。这种尊卑分明，主次判然的都城布局，让我们"嗅"到了一种凝重肃穆、沉雄威严的王道气息。

应当说，这种具有浓厚的政治——伦理意味的文化气息，正是西汉皇都之"大美"气象的重要内涵和特有标识。实际上，正如西方古典都城往往具有浓厚的宗教色彩一样，中国古代都城的壮美风貌常常同世俗的政治权威和僵硬的伦理秩序难分难解，而这一特点，也正是从秦，特别是西汉时期开始发展并趋于定型的。

"观夫巨丽惟上林"：宫苑气象

除了都城的布局之外，秦汉时代的"大美"气象在宫苑的建造中也有突出的表现。这里所谓宫苑，即帝王、皇家、贵族等用以居住、游猎的庙堂宫室台榭园林之总称。本来，"宫"指房室、宫殿、宗庙等，属建筑类，"苑"指养禽兽、植林木之地，后多指帝王游猎之所，属园林类。但中国古代建筑从来不与园林分隔两立，而往往是彼此融汇，相得益彰的。总体上讲，中国建筑是一个包容性很大的概念，它常常是包含园林在内的，也就是说，中国园林本身并不独立于建筑之外。即使那些以自然风景为主的苑囿，如秦汉上林苑，也是附着于皇家贵族的离宫别馆而造的。这种建筑园林相因相借、浑然一体的特有文化造像，在根本上贯彻和体现了中国古代"人"为中心，人与自然和谐相处、融通交汇的主流文化精神。

据《史记·秦始皇本纪》载，秦代宫苑在关中有 300 所，在都城咸阳有著名的六国宫殿以及信宫、咸阳宫、阿房宫、甘泉宫等，另在关外及各地还有 400 余所。这其中最有代表性的便数阿房宫了。

秦始皇三十五年（前 212），发派隐宫（受宫刑者）、徒刑者七十余万人造阿房宫和骊山陵。阿房宫是渭南上林苑朝宫的前殿。虽然它仅是全部朝宫建筑的一个前殿，但其规模气势都称得上亘古少见。它"东西五百步，南北五十丈，上可以坐万人，下可以建五丈旗"，而且"周驰为阁道，自殿下直抵南山，表南山之巅以为阙。为复道，自阿房渡渭，属之咸阳，以象天极"（《史记·秦始皇本纪》）。由此记载，我们不难想见阿房宫的气势该是何等的恢宏雄伟！

其实不独阿房宫，几乎所有的秦代宫苑都不仅规模雄伟，而且气度宏大。如位于咸阳北部宫殿群中部的1号宫殿（考古编号），是一座高台建筑。其遗址东西全长可达一百三十余米，全部外观呈3层，最高点可达十七米余。再如秦仿六国宫殿所建造的庞大建筑群，高低绵延数十里，可谓战国建筑艺术大荟萃。又如秦所建信宫、甘泉宫、兴乐宫、长扬宫、梁山宫等，数百座伟殿险阁"弥山跨谷，辇道相属"，覆压关中数百里原野，那种景象，自然也是前所未有的宏伟壮观。

西汉宫苑与秦代相比，不仅在高度、规模、范围、功能等方面都有较大扩展，而且更注重"宫"与"苑"的统一，使得宫中有苑，苑中有宫，从而形成了古代建筑园林的基本构造格局，可见《汉（唐）长安与苑囿位置示意图》（010）。

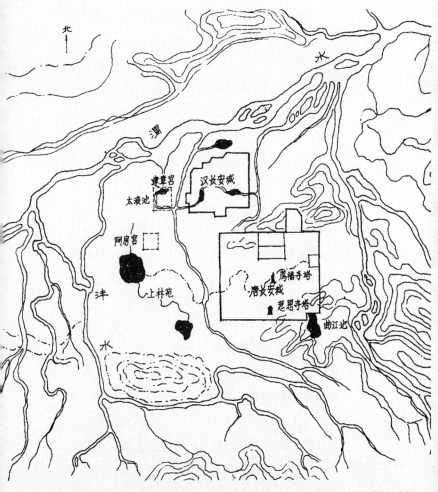

北

渭 水

建章宫
太液池
汉长安城

阿房宫
上林苑
丰 水
荐福寺塔
唐长安城
慈恩寺塔
曲江池

010　汉（唐）长安与苑囿位置示意图

西汉最早营建的重要宫室是长安东南隅的长乐宫，其次是位于长安西南隅的未央宫。长乐宫，据《三辅黄图》载，周长二十里，开四门。前殿东西阔约五十丈，南北深十二丈，两杼之间三十五丈。宫内有临华殿、温室殿、长信宫、长秋殿、永寿殿、永宁殿等。未央宫是汉高祖时所建，汉武帝时扩建。据《西京杂记》说，未央宫城周长二十二里九十五步五尺；有殿四十三所，池十三，山六，门九十五。前殿在龙首山上，以高丘为台基，尤其显得巍峨高耸。对这前殿，张衡《西京赋》有描述曰："疏龙首以抗殿，状巍峨以岌嶪"，"坻崿鳞眴，栈齴巉崄，襄岸夷涂，修路陵险"，未央宫前殿之高、之峻、之陡、之险，可谓跃然纸上。

未央宫内有"池十三，山六"的记载，也说明它已将建筑和园林密切地结合起来，而武帝时代在长安西郊所建的建章宫，更是典型的庞大的建筑园林组合群。建章宫号称"千门万户"，前殿高于未央宫，东有高二十余丈的凤阙，西有数十里的虎圈，北有大池名曰泰液，池边有高二十余丈的渐台，池中有蓬莱、方丈、瀛洲、壶梁等仙山造型，南有玉堂殿，有神明台、井干楼均高五十余丈，之间有辇道相通（《史记·孝武本纪》）。显然，建章宫不纯是宫殿建筑，它同时还是一处山水林苑，它是将主殿大厦、离宫别馆、山林园圃更完美地结合起来的大型宫苑，其格局样式为后世皇家宫苑所效仿。

西汉上林、甘泉二苑则是将宫室建筑环融其中的西汉著名园林。这两处园林有以下突出特点，一是"大"，即范围、规模的广大。据《三辅黄图》《汉书》等载述，上林苑这一本为秦时所辟旧苑、至汉武帝时重新扩建的巨型宫苑，东南至宜春、鼎湖、御宿、昆吾，傍南山而西，至长扬、五柞，北绕黄山，濒渭水而东，周围广300里。甘泉苑沿长安北山山谷，行至云阳380里，西入扶风，周540里，范围规模又胜上林一筹。二是"多"，即苑内宫室建筑、禽兽植物、景点功能等种类丰富，花样繁多。上林苑内有离宫70座，能容千乘万骑，中有数十水池，最大的昆明池周40里，烟波浩渺，可训水军，极其壮观。苑内种有名花异果，养有珍禽猛兽，可供游猎。三是"高"，即苑内建筑多极高。甘泉苑有宫殿、台、阁一百多所，其中有祈仙用的通天台，高 30 丈，台上立铜柱高 30 丈，柱上铸仙人铜像，上托承露铜盘，铜盘盛水 20 石，可以想见其高耸之势。应当说，这一"大"、一"多"、一"高"，显示的也正是这一时代的"大美"文化气象。司马相如在《上林赋》中写道：

> 君未睹夫巨丽也？独不闻天子之上林乎？

这个"巨丽"，可以说是对整个西汉宫苑建筑所体现的"大美"文化气象的一种精妙概括。

"丘垄高大若山陵"：陵墓造型

秦汉之际的陵墓造型，同都城、宫苑一样，也具有鲜明的时代审美特征。

陵墓，广义指坟墓，狭义特指帝王诸侯的坟墓。陵，本为"大丘""大阜""大土山"的意思。陵墓，自然指的是大土山一样的坟墓。春秋前，人死后葬埋的地方都叫"墓"，战国以后，才有"丘墓""坟墓""冢墓""丘垄"等称谓。"丘""坟""冢""垄"与

"高起的土堆"这一意思相近或相当,这说明坟墓的制度开始具有了某种特殊的意义。这一时期不仅产生了"丘垄高大若山陵"[2]的观念,而且还开始将君王的坟墓称做"陵",或"山陵"。《战国策·秦策五》有句曰:"王一日山陵崩,子傒立,士仓用事,王后之门必生蓬蒿。"高诱注曰:"山陵,喻尊高也。崩,死也。""陵"是"大土山",高于一般的"丘""冢""坟"等,故可"喻尊高"。身份地位最高的国君,其坟墓也应最高大,好比"山陵"一样。秦汉之际,"山陵"专喻皇帝之墓。秦把皇墓称做"山",汉把帝墓称做"陵"。《水经注·渭水》曰:"秦名天子冢曰山,汉曰陵。"从此,"陵""山陵"便成为皇帝坟墓的特称。皇权至上,故其坟墓亦比做崇高的山陵。这里面有神化皇权之意,但同时也包含着以"大"为美的文化理想。

坟墓制度是活人对死人的一种安顿方式。不过一般人都认为,在生、死之间,中国人更重视"生"而不是"死"。"死"在很大意义上是向"生"的一种轮回,所以表面看来,中国人对"死"这件事是很通达、很不在乎的。这似乎与西方人"向死而生"的文化观念,或者极关心死后是否进天堂的宗教意识是很不同的。但问题在于,中国人既不太重视"死后如何"的问题,那为什么又在诸如坟墓高低这样的事情上讲究那么多呢?简单地说,是因为中国人在这里依然是以"生"去解释"死",以"人"去解释"鬼"的。用荀子的话说:"丧礼者,以生者饰死者也,大象其生以送其死也"(《荀子·礼论》),用《左传》里的话说,则是"事死如事生,礼也"(《哀公十五年》)。如此说来,"墓"作为人死后的葬埋之处、安顿之所,它就是"人"以"鬼"的形态来居住的房屋宅室,因此,其是否坚固,是否富厚,是否高大,是否雄伟,直接关乎墓的"主人"权威、地位的大小高低,而且这个权威、地位不仅是"死后"的,更指的是"生前"的。坟墓的坚固、富厚、高大、雄伟不仅象征主人死后的不朽,更表明生前的成功;不仅显示着造型意义上的大气派,更喻示着生命意义上的大辉煌。所以,从文化的深层次上说,这些指标不单纯限于丧葬祭祀等礼俗方面,它们更多地蕴涵着诸如社会价值、人生质量、人格理想、生命境界等等

文化"意味"——这些"意味"在很大程度上是
"审美"和"准审美"的。因此,陵墓的高低大
小造型就成为审美文化的一种特殊表现形态。秦
称皇墓为"山",汉称帝冢为"陵",是在"大一
统"的社会背景中所产生的一种"豪情化"话语
形式,同这一时代的"大美"型文化精神是息息
相通的。

秦始皇一统华夏,其功甚伟,故其"初即
位,穿治郦山"(《史记·秦始皇本纪》)。这里
的"穿治郦山",并不是说将骊山穿凿成始皇陵
墓,而是说用穿凿治理的方法建筑"骊山"这座
陵墓。他死后,"九月,葬始皇骊山",这句话也
是说将始皇埋葬在叫"骊山"的坟墓里,而不是
将始皇埋在原来的骊山中。一句话,这里的"骊
山"不是原来的骊山,而是秦始皇墓的名字。然
而,给墓起名"骊山",正说明了秦始皇对陵墓
之崇高、巨大、坚固、持久的一种追求。总之它
必须既能表现皇权的至高无上,又能象征帝业的
永固不朽。

实际上,始皇陵遗址就位于今临潼县东的
骊山北麓,渭河南岸。陵由三层夯土台垒叠而

成，下层台东西宽 345 米，南北长 350 米，至顶层共高 43 米。陵作方形覆斗式，有内外两重墙垣，内垣周 2.5 公里，近方形，外垣周 6.3 公里，长方形。每边墙中部均有阙门。陵南对骊山主峰，山势崇峻，如屏如障，北面渭水平原，极目苍茫。这是中国历史上体量最大的人工陵墓，称为"山陵"实不为过。它让人感受到的不仅仅是始皇权威的至尊无匹，而且还有与这至上皇权难分难解的厚重峻伟的"大美"文化气象。

汉承秦制，这一点在皇陵筑造上体现得尤为充分。首先是极重丧葬之事。如同秦始皇刚一即位就着手筑造骊山陵一样，西汉诸帝也都是一上任就开始经营"寿陵"或"初陵"，而且还规定了一套制度。《后汉书志·礼仪下》刘昭注引《汉旧仪》所载西汉诸帝寿陵说："天子即位明年，将作大匠营陵地，用地七顷，方中用地一顷。深十三丈，堂坛高三丈，坟高十二丈。"也就是说，皇帝即位第二年就要按形制规定开始造陵。

其次，在陵墓的体量规模方面，西汉诸帝也不让始皇，同样追求高大堂皇之相。如在陵墓高度上，《汉旧仪》记载，天子要达到十二丈，但又说"武帝坟高二十丈，明中高一丈七尺，四周二丈"，"设四通羡门，容大车六马……"《皇览》也记道："汉家之葬，方中百步，已穿筑为方城。其中开四门，四通，足放六马……"（《后汉书志·礼仪下》刘昭注引）。这里所记，足可表明陵墓的形貌规模之浩大。据今天的考察，武帝茂陵是汉帝陵中规模最大的。陵园东西长 430 米，南北宽 114 米，约当时的一里见方。围墙厚约 6 米，坟丘每边长 260 米，高 46.5 米，正相当汉尺 20 丈。整个茂陵形势可谓雄峻恢宏，巍然壮观。

从中国古代陵墓文化的演变来看，帝王陵墓最高大、最宏伟、最气派者当属秦汉之际和初盛唐，而又以秦汉之际为最。我们知道，秦汉之际和初盛唐在古代审美文化史上是"大美"理想、壮美形态发展的两大高峰期。人们常说的所谓"汉唐气象"，就是指这两大高峰期，是中国古代社会发展过程中最统一、最开放、最繁荣、最辉煌的两大阶段。这一切历史性的"对应"并非巧合。它说明，即使像陵墓这样一种文化造像，它也会以其特有的形式反映着时代的审美观念和气概。

古朴深沉，健猛有力：
雕塑品格

秦汉之际的雕塑，是中国雕塑发展史上所达到的第一个高峰。

同都城、宫苑、陵墓等文化造像相比，雕塑除了也具有三维空间的物质实体形式外，还具有两个鲜明的个性特征：一是其直接的现实功利性色彩相对淡薄，也就是说，它没有明显的实用价值；二是尤以寓意性见长。它的制作和创造，总寄托、蕴含着人的某种观念和意趣，也就是说，它的制造主要不是为了实用，而是为了寄寓、表达某种意义。作为一种文化造像，雕塑更具有审美性、艺术性，更能反映特定民族和时代的审美文化精神。所以，秦汉之际的雕塑不仅成为该时期文化造像的范本，而且还成为该时代的主流艺术之一。纵观中国审美文化史，秦汉之际也是雕塑惟一成为主流艺术的时期，所以尤其显得弥足珍贵。

一般认为，中国古代雕塑可分为宗教雕塑、明器雕塑、陵墓雕塑、纪念性雕塑、建筑装饰雕塑、工艺性雕塑六大类。秦汉之际的雕塑除宗教雕塑外，其余各类皆备，且都有较大发展，而其中，明器雕塑和纪念性雕塑为最突出、最典型。

明器又称"冥器"，是古代陵墓的随葬品，分实物和虚拟物两大类。明器雕塑属于虚拟之物，即以雕塑形式摹拟人、动物、建筑物等，起代替真人真物殉葬的作用。

秦汉之际是中国古代明器雕塑获得飞跃性、突破性大发展的时期。就迄今所发现的来说，首推秦始皇陵兵马俑群，其次是西汉时期的陕西汉景帝阳陵陶俑群、陕西咸阳杨家湾的彩绘陶俑、江苏徐州狮子山的彩绘陶质俑马，以及济南无影山的乐舞杂伎俑群等等，这均构成了秦汉之际明器雕塑的煌然大观。这其中，秦始皇陵兵马俑群堪称典范和代表。

1974年3月，一位农民在秦始皇陵外围墙以东一公里处打井，偶然发现了陶俑。从此，在陆续的发掘中，一个惊人的历史奇迹和审美奇观便展现在全世界面前。这就是闻名中外的秦始皇陵兵马俑群，其数量之众多，造型之硕伟，神态之勇武，体貌之威壮，队形之齐一，阵势之严整，风格之写实，场面之宏大，氛围之肃穆，气魄之磅礴，群像之英武……都称得上史无前例，世罕其匹！概而言之，秦皇陵兵马俑主要有以下审美特征：

首先，陶俑造型高大硕伟、勇武逼人。这是秦始皇陵陶俑有别于其他时代明器雕塑的最突出的特点。在出土的大批兵马俑中，武士俑一般高度在 1.8 米左右，将军俑则高达 1.96 米，陶马也高约 1.7 米，其形体的大小高矮均不让真人真马，如见**秦始皇陵军吏俑**（彩图 2）。这种如实模拟真人真马的秦俑陶马，在直接的功利意图上似是为了用它们代替活的人马排成为皇帝送葬的军阵，在间接的审美效果上则显示出一种空前的具有鲜明时代风貌的宏伟气魄。

西汉时期的陶俑虽仍不失威武之势，但在陶俑的身高体形上却缩小了。如汉景帝**阳陵陶俑**（011）群这一汉代等级最高、规模最大的明器雕塑。总之，西汉以后的明器陶俑，其高大程度均在秦俑以下。在这个意义上，秦始皇陵兵马俑堪称中国古代明器雕塑的巅峰之作。

其次，秦陵陶俑数目之多、场景之大令人吃惊。到目前为止，在秦始皇陵已发现俑坑 4

011 阳陵陶俑（局部，汉景帝墓南区第十七号丛葬坑）

从现已发掘的情况看，阳陵陶俑身高均在 60 厘米左右。陕西咸阳杨家湾出土的汉初名将周勃、周亚夫父子墓中的彩绘陶俑，人俑体形高者 48.5 厘米，矮者 44.5 厘米，马俑高者不过 68 厘米，小者也就半米。江苏徐州狮子山楚王墓中出土的彩绘陶俑高度则在 30 厘米上下。

座，其中有 1 个是没有建成就废弃了的空坑。其余 3 座数一号坑（012）最大，东西长 230 米，南北宽 62 米，深 4.5—6.5 米，面积约 14 260 平方米，据试掘和钻探资料推测，全坑至少埋置陶俑六千

012　秦始皇陵一号坑兵马俑

件左右。二号坑面积约 6 000 平方米，估计有陶俑九百余件，另有战车 89 乘，驾车陶马 356 匹，陶鞍马 116 匹。三号坑最小，仅只 520 平方米，已出土陶马 4 匹，陶俑 68 件。总共加起来，三个坑的武士俑可能多达七千个，四马战车一百多乘，驾车陶马和骑兵陶鞍马超过一千匹。想象一下，倘把这么多的兵马陶俑都挖掘出土，该是一种多么浩大壮观的场景！可以说，这种量的庞大为其"大美"品格的形成奠定了客观基础。

　　西汉陶俑在数量上有的陵墓比秦陵更多，不过大部分陵墓都有所减少，但相对于后代仍显可观。陕西汉景帝阳陵埋置的陶俑群，据推算总数将达四万件以上，一旦全部出土，那场景之浩大当不逊于秦始皇陵。陕西咸阳杨家湾出土的陶俑数量略少，但花样丰富，有骑马俑五百八十多件（多于秦陵），步兵俑一千八百多件，舞乐杂役俑一百多件，共计 2 548 件。江苏徐州狮子山发现的**汉楚王墓彩陶俑**（013），种类繁多，姿态不一，不但有兵马俑，还有马俑、盔甲俑、发辫俑、跽坐捅、官员俑、侍从俑、仪仗俑、抚琴俑、女舞俑、仆役俑等等，其数目仅从已发掘的一、二号坑来看，就有两千五百件左右。可以看出，西汉陶俑的数量总体上并没有大幅减少，而其种类花样却又趋多，这就增加了生动性和世俗性，并仍保持着浩然壮观的大美气象。

　　再次，秦始皇陵陶俑的军阵排列和布局，尤显雄壮威猛之气势。秦俑的独特之处，就在于它不是一般的世俗人物的塑造，甚至也不是那种作为豪门富户之家兵的武装陶俑，而是作

013　汉楚王墓彩陶俑（江苏徐州狮子山楚王墓）

为国家机器的正规军队的再现，确切地说，它塑造的是一支阵营庞大、组织严整的皇家禁卫军。整个兵力的配置组合，森严整一，井然有序。一、二号坑的武士俑三列横队，面朝东方，为军队的前锋部队。三个领队身穿铠甲，其余兵士免盔束发，着轻便短褐，扎裹腿，穿薄底浅帮鞋，鞋带紧系，显示出其作为前锋部队"轻足善走"、骁勇善战的风貌。强大的主力部队是由三十八路纵队和几千个铠甲俑簇拥着战车而组成的，亦正面向东方，浩浩荡荡地向前挺进。在军阵两侧和后面均列有卫队，以防止敌人从两翼及后部突然袭击。如此严密的军阵组织形式，表明（或模拟）的是一种剑拔弩张的战时状态，一种进攻型的战斗格局，体现了秦朝军队的强大和"秦王扫六合"的无敌气概，显示了秦始皇一统华夏的伟大与辉煌，而且也是秦代那种特有的进攻型、征服型时代精神和强健型、壮美型文化品格的有力表征。

西汉明器雕塑基本也是送葬军阵场面的模拟，其阵容之齐整威严、气势之威武雄壮，亦与秦俑一脉相承。

第四，秦俑制作上以形似为主的写实风格较为突出。俑马陶塑与真人真马同大，全部武器均用实物，马车及马车装饰也是实物。军队体制、阵容队列的设计亦如秦军实况。在对人物头部的刻画上强调客观逼真，栩栩如生。以一号坑"第二过洞马前直立的三俑为例，一个面孔方圆，年纪略大。他双唇紧闭，圆睁大眼，凝视前方，表现了久经战争锻炼，沉着勇敢的性格。一个面孔修长，年纪轻轻。他头部微低，略有所思，看来是足智多谋的。一个面孔圆润，年纪较小。他生气盎然，满面笑容，表现了他满怀胜利信心，活泼爽朗的性格"[3]。这说明，秦俑虽皆为军士，但不是"千人一面"，而是以真人为原型，以写实为准则，故显得互不雷同，各有特点。

特别值得一提的是，1999年在秦兵马俑二号坑又发掘出了6件彩绘跪射俑。这些彩俑不仅形体比例同真人大小，而且其彩绘颜色也体现着写实原则：头发为黑色，面部为粉红的肉色，铠甲赭石色，甲带为朱红色，战袍或绿，或蓝，或紫，或红，护腿颜色分两段，或上蓝下红，或上蓝下绿，鞋为赭石色，裸露的手和脚背为白里泛红的人体肤色。看起来，这些彩俑所着颜色极富装饰性，但实际上却并非虚拟，而是生活真实的摹写。秦王朝虽尚黑，以黑色为最尊贵的颜色，但"秦俑服装颜色则是当时社会服装流行色的缩影，反映了人们的审美观念和生活情趣"。这是由于当时社会处于变动转型时期，代表旧的等级观念的服色制度趋于崩溃，而适合新的统治阶级的服色制度尚未完全确立，于是，"在这一特定背景下出现服色'与民无禁'的情况"。所以，这些极富装饰性的彩绘颜色体现的依然是写实性审美趣好。据考证，"秦始皇陵兵马俑原来全部彩绘。由于山洪暴发，俑坑经大水浸泡，秦末又经项羽大火的焚烧，俑身上的颜色均已基本上脱落，仅存少量残迹"[4]。所以这6件彩绘跪射俑的出土，对了解秦俑的原貌是很有意义的。从审美文化的角度说，它不仅美轮美奂，给人以强烈美感，而且也让我们进一步认识了秦代写实性雕塑的审美特色。

当然，秦俑的写实性还不能算是一种自觉的美学追求，而只是与实用性相适应的一种自然品性，或者说，只是用和真人真马同样大小的陶塑俑马来模拟为皇帝送葬的军阵而已。但是，这种对现实送葬场景的逼真模拟，客观上恰好使秦兵马俑呈现出一种前所未有的壮美气象。因为七千多个真人大小的兵俑，一千多匹真马大小的陶马，一百多辆真物大小的战车，以军阵布局组织起来，这本身就是一种浩荡、雄武、威猛、壮伟的"大美"场景。从这个角度看，秦兵马俑的"写实"，正是构成其"大美"气象的基本因素之一。

西汉的明器雕塑创作虽较秦俑更生动、更富情趣，如出现了较多的乐舞俑、杂伎俑、女侍俑以及牛、羊、猪等家畜动物陶塑，但在"写实"这一点上，却依然不悖秦风，而且还表现出日益世俗化、生活化，即更加"写实化"的倾向。

需要指出的是，秦汉之际明器雕塑的写实品性，还基本是一种以形似为主的写实。神采生动的陶俑虽有一些，但不占主流。大部分陶俑造型呆滞，表情生硬，动作刻板，缺乏个性。有人认为这可能正是当时兵士精神状貌的真实反映，有人则认为这种呆板划一正符合统治者丧仪场合的需要，因为这可以形成威严肃穆的氛围，酿成令人压抑的威慑气势。这些观点都有一定道理，但我们更倾向于认为，这种建立在实用基础上的写实性，其所以偏于形似，甚至偏于呆滞刻板，主要是因为受当时制作工艺水平的粗陋稚拙所限。然而从审美上说，这种制作工艺上的粗陋稚拙，却恰能产生出一种古朴厚重、刚毅沉雄的奇特艺术效果。

与明器不同，所谓纪念性雕塑，就是旨在表彰历史人物或纪念重大历史事件的雕塑。秦汉之际的纪念性雕塑，目前所能见到的年代最早的作品当数陕西兴平县茂陵附近西汉霍去病墓冢上的石雕群像。如果说，秦代雕塑的代表是秦始皇陵兵马俑的话，那么，西汉雕塑的范型就是霍去病墓冢上的石雕群像。

霍去病是西汉名将，他先后6次衔命击匈，均获大胜，控制了河西地区，解除了匈奴对西汉王朝的威胁，打开了通往西域的道路。不幸的是，霍去病胜利归来后不久即染病去世，年仅23岁。汉武帝痛失爱将，不胜悲悼，为表彰其战绩，缅怀其功业，给了他陪葬茂陵的殊荣，并模拟祁连山的形貌为他修筑了巨大的墓冢，墓上遍植林木，雕刻了许多动物石像放置其间，以象征野兽出没的自然环境。

现存于陕西兴平县茂陵博物馆的石雕有"马踏匈奴""跃马""伏虎""野猪""卧象""牯牛""石鱼""石人"以及"怪兽食羊""野人搏熊"等作品16件。这些作品以其朴拙浑厚、雄大深沉的壮美风格，反映了西汉的国力声威和积极进取、奋勇开拓的时代精神，也铸造了一曲无声的英雄主义颂歌。

霍去病墓石雕群朴拙浑厚、雄大深沉的壮美风格主要表现在以下三点：其一，体积巨大，环境宏阔。这一纪念性石雕群通过"为冢象祁连山"（《汉书·霍去病传》）这一特殊的环境，来表现一种威武雄壮的英雄主义精神。雕像都用巨石刻成，长度都在 1.6 米以上，有的还长达 2.7 米。这种模拟山势的环境氛围和体积巨大的石材形式，本身即给人一种厚重壮伟的"大美"感。

其二，因势象形，朴拙粗犷。可能由于雕刻工具和技艺方面的限制，石雕明显把重点放在选择那些体积、质料、轮廓、形状等均符合所雕形象要求的巨型石材上，然后充分利用巨大石料的自然形状，不加或少加雕琢地进行创作。比如"石鱼"的创作就选取了一块类似鱼体轮廓的石材，再在前端用线刻出弧曲的鱼鳃，又用线刻出双重圆圈以表圆睁的鱼眼睛，作品即告完成。虽然雕琢不多，但其造型却颇传神。又如**野人搏熊**

（彩图3），只是巧妙地利用了一个起伏不平的大型"鹅卵"石块，外轮廓几乎未加任何雕琢，仅运用浅浮雕的形式，顺着石块的高低凸凹雕刻。整个形象天然浑成，粗犷遒劲。这些作品在"因势象形"的创作方式中所表现出来的浑朴之趣、雄大之美，具有十分独特的审美价值，反映了西汉石雕艺人把握和驾驭"自然"的较高能力和水平，也隐约地显示了武帝时代那种特有的征服世界的强烈意识和宏大气魄。

其三，神态各异，动感有力。霍去病墓石雕造型多为卧姿。为避免容易产生的单调雷同之感，石雕作品着力突出不同对象形体、习性的个性特征，并在这种神态各异的表现中显示出内在的动感和力量。**卧虎**（彩图4）巨头前伸，圆睁虎目，仿佛伺机腾身前扑；**卧牛**（彩图5）姿态安详，情状温顺，好似负重劳作后正在休息；卧猪则四肢伏地，长嘴平伸，一副懒散模样；卧马虽躯体伏地，但已伸长脖颈，似乎已听到召唤，准备一跃而起。有意思的是，这种神态各异的塑造似乎又隐含着某种意蕴上的二元对峙结构，如牛的温驯与虎的威猛，羊的善良与兽的残忍，卧象的安详与卧马的机警，卧猪的懒散与跃马的奋起，还有人兽相搏的内在紧张，怪兽食羊的神秘恐怖，特别是**马踏匈奴**（彩图6）造像中马的豪迈雄劲、稳健卓立与马下匈奴的矮短凶恶、垂死挣扎等等。在这种极富张力的对比、对峙关系中，一种内在的动感和威势得以强烈地展示出来，给人以深刻的震撼。这是一种古典意义上的真正的壮美感。

总之，无论是秦汉之际的陵墓陶马，还是霍去病墓前的石雕马，这些马的造像都无一例外地表现了一种时代性的英雄主义题旨。它们成为该时代精神的一种"范型"，一种象征。这一时代性的英雄主义题旨意味着开拓、进取、征服和胜利，意味着豪迈、英武、自信和博大。它表征着一种外向型、事功型、刚健型的人格美理想，表征着一种真正的英雄，或《淮南子》所标榜的"大丈夫"气概，由此也就从根本上铸就了一种"大美"型的文化。

〔1〕　司马相如语，《西京杂记》卷二。

〔2〕　语义见《吕氏春秋·孟冬季第十》。

〔3〕　《临潼县秦俑坑试掘第一号简报》，《文物》1975 年第 11 期。

〔4〕　以上参见《彩绘秦俑新出土》，《中国文物报》1999 年 7 月 31 日。

 拂袖舞女俑
（陕西西安白家口汉墓出土）

② / 秦始皇陵军吏俑

③ / 野人搏熊
（霍去病墓前石雕）

一个野人的上半身：他用粗壮的双手，紧搂着
一只熊，仿佛在进行紧张的搏斗。

④ / 卧虎
（霍去病墓前石雕）

⑤ / 卧牛
（霍去病墓前石雕）

⑥ / 马踏匈奴
（霍去病墓前石雕）

这一件圆雕长 1.9 米，高 1.68 米。主体形象是一匹壮健轩昂的战马和被踏在马下狼狈挣扎的匈奴奴隶主，二者作为具有象征意义的典型形象，共同构成了对霍氏生平功业的纪念性、歌颂性主题。这匹战马矫健轩昂、浑厚有力，充溢着一种征服者、胜利者的豪迈与自信。与之形成鲜明对比的是一个被踏在马下、满脸胡须、面目狰狞、仰面倒地、垂死挣扎的敌人形象。

『闳侈钜衍』

将『广大之言』推向极致的文学

《汉书·扬雄传下》中说："雄以为赋者……必推类而言，极丽靡之辞，闳侈钜衍，竞于使人不能加也。"颜师古在这段下面作注曰："言专为广大之言。""广大"者，广博宏大之谓也，"闳侈钜衍"之义也。"闳侈"，指文章宏大恣肆，"钜衍"，谓文辞广博繁富。"闳侈钜衍"，也就是一种具体的、直观的"广大"。它在这里主要指涉的是"言"的一种形态，一种文学话语的表达方式。《汉书》认为将这种"广大之言"的表达推向极致，是扬雄为赋的主要特点。

其实，扬雄之赋，步趋的是司马相如之赋，而司马相如之赋，亦非空谷足音，正如《汉书·艺文志》所说："汉兴枚乘、司马相如，下及扬子云，竞为侈丽闳衍之词……"而且，不独辞赋是这样，其他文学类型，诸如论说散文、史传散文等也是如此。可以说，将"广大之言"推向极致，或使"闳侈钜衍"达到无以复加之境，是整个秦汉之际文学所凸现出来的话语表达方式。

这是一种与这个时代的"大美"型文化气象息息相通的文学话语方式，或者说，它就是这一时代的"大美"型文化气象在文学领域的一种映现。正因如此，这一时代的文学，特别是散文和辞赋，在中国文学史上创出了一种范本，达到了一个高峰。

那么，秦汉之际的文学是怎样"专为广大之言"的呢？对此，我们拟从这一时期文学创作的主体——"士"阶层的特定心态谈起，再以论说散文、史传散文和散体大赋为范例，作一些阐释和描述。

士人心态

士人心态与他们的生存状态息息相关。

在中国历史上，士人阶层一直是一个十分特殊而重要的社会群体。一方面，他们有才学，有见识，神思睿敏，智慧练达，在社会中是最清醒的一群。他们忧国忧民，"士志于道"（《论语·里仁》），有建功立业、一展宏图的欲望和冲动，积极追求自我价值的实现，是社会上最不甘寂寞的一群。在这个意义上，他们可以称为社会文化的"精英"，也自然是审美文化最直接的创造者和阐释者。另一方面，他们又始终没有独立的人格和自主的地位。在宗法伦理的等级制社会体系中，他们总是一群君主意志的追随者和皇权政治的依附者。他们的幻想、欲望、痛苦和欢乐几乎都系于帝王君主一身。后者的爱憎好恶，决定着他们自我价值实现的可能性。所以，他们又是社会中最能感受到人生难料、命运多舛的一群，也是最具"忧患"意识和"悲怆"体验的一群。于是，他们便设计出了诸如"有道则见，无道则隐"（《论语·泰伯》），"用之则行，舍之则藏"（《论语·述而》），"穷则独善其身，达则兼善天下"（《孟子·尽心上》）等进退有方的生存策略，当然从另一方面看，这个生存策略也是"士人"阶层的一种人格操守。可以说，这种人生策略是真正中国"士人式"的，反映了这一处境微妙的社会阶层的特定生存状态。

对于中国"士人"来说，除战国时期外，汉代正是一个难得的可"见"可"行"的好时代（秦代独标吏法政治，故除李斯等少数法家之士尚得见用外，大批文人学子在"焚书坑儒"的文化灭绝政策迫害下无不噤若寒蝉，销声匿迹）。汉初一度崇尚黄老无为，继而实行申、韩刑法，而不太重学问文章，使得大批文人只好寄身诸王门下，当起了游士食客。比如齐人邹阳、吴人枚乘先后投靠过吴王刘濞和梁孝王刘武，司马相如也曾以辞赋为手段在梁孝王处混过。淮南王刘安则招致宾客方术之士数千人，让这些文人给他编写了一部很有名的书叫《淮南子》(也名《淮南鸿烈》)。但随着汉代社会的巩固与发展，黄老之学和申、韩刑法的缺陷日益显露。黄老的清静无为只是帮助汉初统治者恢复生产、稳定社会的一种暂时手段，而为强化政治秩序所采取的申、韩刑法，又容易走向秦人"以吏为师""以法为教"的旧途，显然也不是长久之计。这样，要革除秦政弊端，达到长治久安，就必须开辟新路，建立新的统治思想体系。于是，董仲舒提出的"罢黜百家，独尊儒术"便被汉武帝采用，进而以礼乐教化为主的文治思想和政治制度便发展起来。由此，"士人"阶层时来运转，从诸王门客一变而为朝廷重臣，从社会的"边缘人"一下子进入了权力中心，在政治舞台上有机会实实在在地"兴造功业"、创造辉煌了。

汉代士人得益于汉武帝实施的"独尊儒术"的文治策略，其主要标志便是"五经"博士的设立。博士即博学之士。汉之前，如战国时的齐、鲁、魏等国已有博士一职。秦时博士有文学、诸子、方术诸类型，大凡有某种专门知识或特长的人都可做博士。但汉武帝专设"五经"博士，就使博士一职为儒家经师所垄断。从此，中国的历史与哲学便沿着汉儒所谓"通经致用"一途走向政治，中国士人由此也与政治结下不解之缘。汉代博士官品虽不很高，但地位却极受尊崇，可直接与皇帝对话，其升迁之路也很宽广，"高为尚书，次为刺史，其不通政事，以久次补诸侯太傅"（《汉书·孔光传》）。号称"副天子"的丞相一职多为博士担任也由此始。在此之前，汉朝丞相皆由封侯者（即军人）担任，所谓"非封侯不拜相"。如高祖时萧何，惠帝时曹参、王陵、陈平、审食其，文帝时周勃、灌婴、张苍等丞相，皆为军人出身，景帝时的陶青、周亚夫等丞相，皆为功臣子嗣侯，亦出身军人之家。而武帝始以专治《春秋》的博士公孙弘为相，自此开"五经"博士任相之先河。昭、宣以下，非儒者绝不能居相位，已成定制。从这里可以明显感到汉王朝实施文治之决心，亦可见出士人阶层的优越地位确已非同往昔。当时邹鲁一带有谚语曰："遗子黄金满籝，不如教子一经"，便是这种尚文尊士之风的写照。

为了更广泛地招揽人才，推行文治，汉武帝还为博士设弟子员。弟子员额定50人，倘能通经，便可得补郡国吏，成绩更好的还可为郎中，于是士人们又多了一条文学入仕的正途。另外，汉武帝又进一步完备了察举制度。察举是一种由下而上推选人才举荐为官的制度。汉儒董仲舒就是这样被举荐出来的。"后遂令州郡举茂材、孝廉，皆自仲舒发之。"〔1〕察举制度的实施，进一步扩大了文人学子入仕为官的途径，令众多士人"精英"脱颖而出，成为汉代王朝的政治栋梁与文化"师儒"。司马迁对此描述道：

> 公孙弘以《春秋》白衣为天子三公，封以平津侯。天下之学士靡然向风矣。……自此以来，则公卿大夫士吏斌斌多文学之士矣。(《史记·儒林列传》)

东汉蔡邕对此更是心旌神往地评论道：

> 孝武之世，郡举孝廉，又有贤良、文学之选，于是名臣辈出，文武并兴。汉之得人，数路而已。(《后汉书·蔡邕列传》)

这也就意味着，有汉一代的煌煌功业，与汉武

帝"独尊儒术"的文治政策，以及由此产生的
以文人为主干的政府组织是有一定关系的。钱
穆说："汉政府自武帝后，渐渐从宗室、军人、
商人之组合，转变成士人参政之新局面。""自
此汉高祖以来一个代表一般平民社会的、素朴
的农民政府，现在转变为代表一般平民社会的、
有教育、有知识的士人政府，不可谓非当时的
又一进步。"[2]

可以想象，这是一个给士人学子以广阔发展
前景，让士人学子扬眉吐气的时代。特别是种种
人才遴选方式，主要贯穿的是重德唯才的原则，
而不是一味地讲世袭，看出身。这对广大有抱负
有才能的中下层知识分子来说，真真称得上是
"得遇其时"。例如，像公孙弘这等大才，未进之
时，只不过是放猪牧羊之辈，而今位列上卿，权
倾朝野。还有许多士人的情况也与之相类似。对
此，班固感慨地说道：

> 非遇其时，焉能致此位乎？是时，汉兴六十余载，
> 海内艾安，府库充实，而四夷未宾，制度多阙。上方
> 欲用文武，求之如弗及，始以蒲轮迎枚生，见主父而

叹息。群士慕向，异人并出。卜式拔于刍牧，弘羊擢
于贾竖，卫青奋于奴仆，日磾出于降虏，斯亦曩时版
筑饭牛之朋已。汉之得人，于兹为盛……是以兴造功
业，制度遗文，后世莫及。(《汉书·公孙弘卜式儿宽
传赞》)

汉武时代这种不拘一格，惟才是用的政治策略，
不仅造成了大汉帝国的空前强盛，而且也让一大
批有才有志的士子，特别是那些出身低微的下层
文人真正有了"遇其时""遂其志"的感受。他
们看到命运之神在向他们频频招手。这怎不令他
们满怀感激地发愤向上，一腔热血地报国立功，
充满豪情地一展宏图呢？

所以，"独尊儒术"的文治政策，首先唤起
的是士人们的一种内在积极的情绪、抱负、志
向、信心、欲望、幻想……对于他们来说，现在
要进行的人生选择自然就不是"藏"和"隐"，
不是单纯的"独善其身"，而是积极的"行"和
"见"，是热情地介入现实，"兼善天下"。因此，
反映在他们的精神状态、内心生活上，自然主要
的就不是感时伤世的忧怨和悲怆，也不是醉生梦

死的消沉和颓唐，而是视野开阔、生气勃勃、豪迈奋发，充满自信。

反映在审美文化上，这种士人所代表的社会文化心态，直接造成了一种整体上偏于感性的、直观的、扩张型、外向型的"大美"文化形态。该时代的士人文化心态与"大美"文化形态之间的内在联系，主要表现在他们对一种"广大之文"的写作上。也就是说，当他们那激荡亢扬的豪情、信念、胸怀、理想需要倾诉和表达时，他们便选择了"文学"（或汉人所说的"文章"）这种特定的体裁与审美的方式，而且，他们选择的不是别样的文学，而是一种能充分容纳和满足他们这种外向性、扩张性心理欲求的"广大之文"，即一种"润色鸿业"的，"铺张扬厉"的、"闳侈钜衍"的文学，一句话，一种感性壮美的文学。

如果从秦汉之际的广阔视野看，这种"广大之文"的典范作品大致是，以《谏逐客书》《过秦论》《报任安书》为代表的论说散文，以《史记》为代表的史传散文，以《子虚》《上林》为代表的散体大赋。

论说散文

论说散文即论辩说理之文，是散文之一种。早在先秦时期，论说散文就已相当发达。文学史上所讲的先秦诸子散文，都可称做论说散文。当时之所以会出现论说散文如此发达的情形，主要与"士"阶层在春秋战国时代的崛起有关。那时的"士"阶层作为一种有知识有学问的社会力量，在诸侯列国之间具有十分特殊的重要地位。各国想富国强兵，称霸天下，或者在最低限度上保存发展自己，就需要有真才实学的人来给以辅佐和帮助，于是招贤纳士便成为当时盛行于诸侯王中间的一种时尚，而"士"阶层的社会地位也因此而有了较大提高。他们通过思想和语言，通过智慧和才能证实着自己的价值，实现着自己的抱负。在这一过程中，一种旨在论辩说理的文体——论说散文也随之大大发展起来。

论说散文得以产生的客观背景，决定了它的鲜明浓厚的社会功利性质，这与一般的文学作品是有所区别的。从这个意义上说，它不能算是纯粹严格的文学。但它在论辩说理过程中所流注的强烈情感，所充溢的才性气势，所融贯的修辞技巧，所显现的话语魅力等等，又无一不表征着它的文学性格。文学，就其本义而言，其实就是一门语言的艺术。它一方面在"说什么"上有自己特定的内容，一方面在"怎么说"上有自己鲜明的个性。正是在"怎么说"这一点上，论说散文充分显示了它的文学品格和审美价值。从创作动因上说，由于"士"阶层想把他们治国安邦、强国富民的思想和谋略准确完满地传达出来，获得国君的认可与赏识，进而显露自己的才华，实现自己的目的，就不能不在"怎么说"上下功夫。有的时候（据《战国策》中的某些记载）甚至"说什么"并不重要，重要的就是"怎么说"。于是铺排、夸饰、渲染、虚构、想象、情采、文气、声势、辞藻等，便成了"士"阶层在论辩说理时常用的手段，或者说，成了论说散文这一文体的基本审美特征。

秦汉之际的论说散文大致是先秦论说散文的延续和发展，但又带上了新时代的个性风采。有人称之为战国之遗响，秦汉之新声，颇为精当。所谓战国之遗响，就是它在文体形式上仍带有先秦论说散文的鲜明印迹，而所谓秦汉之新声，则是讲这一文体至秦汉之际又被贯注了一种新的精神和气象。正是这两方面的融合，使秦汉之际的论说散文成为古典散文的范本。

那么，从审美文化史的角度看，秦汉之际的论说散文究竟有哪些值得关注之处呢？

从总体言，这时期论说散文大抵以奏疏、议论、书信等为形式，其"话题"（内容、对象）与先秦差不多，也属于所谓"宏大叙事"的范畴。所论之事大都为治国安邦之道、居安思危之理、用贤任才之策、富民强兵之术等，体现了士大夫对王道、国事、政治、现实等近乎宿命的关心和热情。如秦朝李斯的《谏逐客书》，是劝秦王政不要将居秦的客卿赶走，因为那都是些八方贤能，当世俊才，他们对秦王横扫六合、称霸天下的事业会很有用的。再如西汉早期贾谊的《过秦论》，指出强大的秦王之所以会败在"氓隶之人"陈涉之手，原因只有一个，那就是"仁义不施"，从而提出了施仁政、重民心的基本思想。文、景之际晁错的《论贵粟疏》则以"开其资财之道"为治国之本，主张重农抑商，发展生产。

另有董仲舒《贤良对策》三篇，向汉武帝提出加强"大一统"，实行"罢黜百家，独尊儒术"的政治建议，等等。

武帝之后，随着士人阶层社会地位和生存状态有了较大变化，论说散文也开始出现诸如歌功颂德、劝谏讽谕、抒志发愤等内容。这意味着论说散文的审美内涵正在发生某种转换。

司马相如献给汉武帝的《封禅文》，称得上是一篇以歌颂"大汉之德"为主旨的范文。而司马迁的《报任安书》则似乎走向另一极致，专意抒发忠而见疑、无辜受刑的悲愤，控诉汉武帝的酷吏政治。西汉后期刘向的《谏营延陵过侈疏》《极谏用外戚封事疏》等奏疏，则对大修陵墓、外戚当权等政治弊端予以抨击。可以看出，这是一种与以往颇为不同的论说散文。

大体说来，秦至西汉前期的论说散文在内容上有一突出特点，那就是都洋溢着一种饱满的政治热情。对于士人出身的作家来说，政治、国家、王道等等事情仿佛不是外在于他们的，而是与他们息息相关的，甚至说，就是他们自己的事情。他们对这些事情的关心和焦虑，就是对自己前途、命运的关心和焦虑。因此，他们在这些事情上披肝沥胆，竭忠效命，并不是被迫无奈的，不是一种权宜之计，也不只是一种生存手段，而是他们生命的自我"燃烧"，是他们思想感情的自然流泻，是他们人生价值的自由选择。李斯在《谏逐客书》中对秦王政说：陛下您爱好天下的珍宝声色，却要将"客卿"（居秦的异国贤士）们统统赶走，"此非所以跨海内、制诸侯之术也"！您把良才贤士们都赶到敌国那里，这不是"损民以益仇，内自虚而外树怨于诸侯"吗？这样一来，要想国家无危，"不可得也"。这样的陈述，虽不排除李斯希望秦王留用自己的一点"私心"，但主旨却是一心替秦王着想，为国家考虑，充满了对秦国政治利益的焦虑和关怀；即使他真的有一点"私心"，也是同对国家前途的深切关怀通融为一的。汉初贾谊的《过秦论》通篇都是带着对大汉帝国的绝对忠诚，来对秦朝灭亡的原因进行思考和总结。这篇文章从文体上看似乎不是直接上疏皇上和朝廷的，但实际上却是为皇上和朝廷的政治利益而作的。它认为汉朝要想长治久安，就要汲取秦朝因"仁义不施"而顷刻覆亡的教训，以"仁政"为强国之本。这里所表现出的对皇帝、朝廷和国家的拳拳之心、殷殷之情与李斯之文如出一辙。其他如晁错的《论贵粟疏》、邹阳的《狱中上梁王书》、董仲舒的《贤良对策》等文章，亦大体可作如是观。这是一种极能反映秦汉之际时代精神的文人心态和写作态度。他们那外向张扬、亢奋激荡的政治热情，为这时期文学之壮美气象的形成，提供了一种深广而有力的基础。

这一时期论说散文的"论说"方式也值得一说。实际上，强烈的外向性政治热情自然需要一种与之相应的论说方式。这一论说方式的基本审美功能就是最大可能地发挥语词本身的描述和修饰作用，以充分表达和体现内容层面上亢奋张扬的外向性政治热情。也就是说，语词在这里的作用并不仅仅是"记述"，更是一种"描绘"和"夸饰"。它要让所记述的事实和思想产生一种强烈、鲜明、"膨胀"的审美效果。这种描绘和夸饰并不是要遮掩、弱化事实与思想，恰恰相反，它正是要更有力地突出事实和思想。

所以，铺叙、排比、夸张、反衬、对比、重复、渲染、藻饰等，就成为这一论说方式的主要表现。李斯的《谏逐客书》就是将说理寓于极尽铺排的叙述之中。在论辩人才（客卿）对秦王霸业的重要性时，它不是简单地说说而已，更非"不著一字，尽得风流"，讲究含蓄蕴藉，而是围绕中心，层层展开，一一叙及，步步深入，多角度、全方位地加以铺叙，必欲说尽论透而后快。它对秦国历代国君赖客卿之力而不断发达的事实就采取"一一历数"的叙述策略。该手法的大量运用，使得文章的论述过程如浪似潮，排山倒海，滚滚而来，其不可抵御的强大的逻辑力量和论辩气势，不由得秦王政不信服。

在贾谊的《过秦论》中，这种铺排方式依然是主要的修辞手段之一。为了揭示秦朝灭亡的根本原因，也为了造成同秦朝的掘墓人陈涉的鲜明对比，文章首先一一历数了秦国从秦孝公到秦始皇共七代帝王步步强盛的过程，也一一历数了这一过程中辅弼历代秦王横扫天下的诸多贤士，从而造成秦国（朝）已成"子孙帝王万世之业"的强烈阅读印象，然后笔锋一转，如此"威震四海"的秦朝竟顷刻间亡于"氓隶之人""迁涉之徒"陈涉之手，原因究竟何在？于是，一个虽仅11个字，却沉重无比、触目惊心的主题呼之即出："仁义不施，而攻守之势异也！"

应当说，铺叙排比是这时期论说散文基本的"论说"方式，而夸张、对比、反衬、渲染、藻饰等手段则杂糅其间，辅助其中，愈加强化了文章的雄辩力量。比如《谏逐客书》说秦王政不爱异国贤士却爱异地珍玩用的是反衬对比，《过秦论》讲秦国勃兴强盛的不可阻挡与秦朝顷刻覆亡的不可逆转用的也是反衬对比。这些反衬对比手法使文章在一种内在结构的紧张关系中产生出强大的思想冲击力和情感震撼力，给人以泾渭分明、豁然开朗的美感。再比如《过秦论》写秦国力战"九国之师"，"追亡逐北，伏尸百万，流血漂橹"，用的是夸张、渲染。写秦统一中国后"践华为城，因河为池，据亿丈之城，临不测之渊以为固"等，用的也是夸张、渲染。除此之外，讲究声韵协调，辞采华丽的藻饰之美，也是这时期论说散文的一大特点。

鲁迅《汉文学史纲要》中就曾说李斯《谏逐客书》"尚有华辞"。这从审美感知的角度也有力地强化了文章的感染力。

汉武帝以后，随着西汉朝政的巩固和皇权的加强，一方面，"士"阶层对集权政治的依附性日益明显，另一方面，西汉王朝在达到鼎盛之际，君主专制的内在弊端也逐渐显露。这种境况反映在论说散文的内容上，就出现了以下几个特点：

一是歌功颂德的文章多了，以司马相如的《封禅文》为代表。《封禅文》堪称一篇辉煌的颂文。它热烈地赞美着"大汉之德"，说"大汉之德，逢涌原泉，沕潏曼羡，旁魄四塞，云布雾散，上畅九垓，下泝八埏……"尤其热情地颂扬着孝武之世，说汉武帝"仁育群生，义征不譓，诸夏乐贡，百蛮执贽，德牟往初，功无与二"。这样的歌功颂德文字，多少是有阿谀成分的，但又不能完全看做为奉承之作。因为汉武帝时代确实是古代少有的一个繁荣强盛的时代，而且武帝施行的文治政策，也委实让士人们感到了莫大的鼓舞和欢欣，所以身处当代的司马相如写出这样的文章，其中也是不乏他的真实心声的。该文情绪之饱满、气魄之非凡、辞意之昌大、文采之辉煌，在很大程度上反映了这一时代繁盛的社会现实和亢扬的士人心态，从一个特殊的角度将秦汉之际文学的壮美气象推向了一个新阶段。

二是表现抑郁不平之气，抒发牢骚愤懑之情的文章多了。东方朔的《答客难》《非有先生论》，扬雄的《解嘲》等即是这类作品，不过其中最有代表性的还是司马迁的《报任安书》。这篇被举为"百代伟作""千古奇文"的作品，以愤激慷慨的情绪笔调，叙述了作者因李陵事件而受宫刑的经过，抒发了他忠而见疑、无辜受刑的悲愤，暴露了汉武帝时代的酷吏政治，表达了自己忍辱负重、矢志不渝地写作《史记》的崇高意志和坚定决心。该文的最大特点就是寓理于情，不仅以理谕人，更是以情动人。一股浓烈的、激荡的、深郁的冤情、悲情、幽情、豪情、真情、激情、愤懑之情、压抑之情、不屈之情、奋发之情，洋溢于字里行间，贯穿于行文始末，给人以强烈的心灵震撼。这里的"情"，不同于秦与汉初那种外向性的政治热情，

而主要是一种由宫刑之辱所催发的、由人生的
永恒信念、价值、理想等所撑持的生命激情。
文学情感内涵的这一变化，对于论说散文，乃
至对整个古代文学的发展而言，都是值得注意
的。它至少意味着，在士人作家所恪守的价值
信念与伦理政治的现实之间，在个人的抱负与
朝廷的承诺之间，甚至在君与臣之间，已经不
再像过去士人所想象的那样融洽无间了。司马
迁极其痛苦地感受到了这一裂缝的存在。当然，
他还不能在理性上对此作出自己的解释和选择，
他只能用《报任安书》这篇雄文来宣泄这种痛
苦，并力图用"究天人之际，通古今之变，成
一家之言"的《史记》写作来抵消这种痛苦，
以让生命获得真正的不朽和辉煌。所以司马迁
此文之旨，虽痛苦但不消沉，虽悲愤却不自弃，
而是仍喷薄着一股亢扬雄放的情感力量，仍融
贯着一种伟大阳刚的人格精神。文中写道：

> 人固有一死，或重于泰山，或轻于鸿毛，用之所
> 趋异也。……古者富贵而名摩灭，不可胜记，唯倜傥非
> 常之人称焉。盖文王拘而演《周易》；仲尼厄而作《春
> 秋》；屈原放逐，乃赋《离骚》；左丘失明，厥有《国

语》;孙子膑脚,兵法修列;不韦迁蜀,世传《吕览》;韩非囚秦,《说难》《孤愤》;《诗》三百篇,大抵圣贤发愤之所为作也。此人皆意有郁结,不得通其道,故述往事,思来者。……仆诚以著此书,藏诸名山,传之其人,通邑大都,则仆偿前辱之责,虽万被戮,岂有悔哉!然此可为智者道,难为俗人言也。(据中华书局影印李善注本《文选》)

这篇文字向我们展示了一颗忍辱负重、志存高远的伟大灵魂。明人孙月峰说,该文"读之使人慷慨激烈,唏嘘欲绝,真是大有力量文字"(《评注昭明文选》引)。又有清人吴楚材在《古文观止》中评该文道:"其感慨啸歌,大有燕赵烈士之风;忧愁幽思,则又直与《离骚》对垒。文情至此极矣!"《报任安书》确乎是一篇极为独特的壮美之文,它为秦汉之际论说散文的壮美气象,增添了一道绚烂无比的奇光异彩。

三是西汉中期以后,随着前期那种亢奋的外向性政治热情的消敛,论说散文中出现了一些温文尔雅、醇厚典重、侃侃而谈、坐而论道的作品,从中可以看出,一种趋于冷静的、理性

化的审美倾向和写作态度开始形成。代表作品有
董仲舒的《贤良对策》、桓宽的《盐铁论》、刘向
的《谏营延陵过侈疏》《极谏用外戚封事疏》以
及扬雄的《太玄》《法言》等。这些论说散文大
都引经据典，层层分析，不急不迫，反复论述，
洋洋千言，雍容和缓，循循善诱，深切著明，将
为政之道，从学之理，匡时之意，救弊之情娓娓
道来，既从容平易，又深沉厚重。它们之于审美
文化的意义，在于建立了一种不同于西汉前期那
种议论纵横、激切慷慨、豪迈雄放风格的新的论
说方式。这种论说方式在深沉浑厚、舒缓典雅中
虽仍不失壮美之风采，但终究有些内敛，有些婉
转，有些心平气和了。当然，西汉后期扬雄的
《解嘲》等文章还遗留一些慷慨的气势与雄辩的
情采：

> 夫上世之士，或解缚而相，或释褐而傅，或倚夷
> 门而笑，或横江潭而渔，或七十说而不遇，或立谈间而
> 封侯，或枉千乘于陋巷，或拥帚彗而先驱。是以士颇得
> 信其舌而奋其笔，窒隙蹈瑕而无所诎也。当今县令不请
> 士，郡守不迎师，群卿不揖客，将相不俛眉；言奇者见

疑，行殊者得辟，是以欲谈者宛舌而固声，欲行者拟足
而投迹。向使上世之士处乎今，策非甲科，行非孝廉，
举非方正，独可抗疏，时道是非，高得待诏，下触闻
罢，又安得青紫？且吾闻之，炎炎者灭，隆隆者绝；观
雷观火，为盈为实，天收其声，地藏其热。高明之家，
鬼瞰其室。攫挐者亡，默默者存。位极者宗危，自守者
身全。是故知玄知默，守道之极。

你看，上世之士是何等潇洒，何等舒畅！他
们"颇得信其舌而奋其笔，窒隙蹈瑕而无所诎"，
有一片自由发展的天地。而今世之士都是"言奇
者见疑，行殊者得辟"，只好"欲谈者宛舌而固
声，欲行者拟足而投迹"，最后只好以"默默"
而苟存，以"自守"而全身。从这些文字中我们
仍可感受到作者的慷慨之情和雄辩之力，但也同
时感受到一种生命能量深受压抑的沉重和悲苦，
感受到这种慷慨之情和雄辩之力已明显地底气不
足了。文章每每回到清静寂寞、默默自守的题旨
上去，显出一种无可奈何的心态，读来让人倍觉
清冷和空茫。这似乎预示着作为论说散文之范本
的"西汉之文"已历史地走向了衰微。

汉代是一个史传散文勃兴的时代。

史传散文

有人说，中国古代文化是一种"史官文化"，这话有一定道理。《汉书·艺文志》载："古之王者世有史官，君举必书，所以慎言行，昭法式也。"这里一是说明了史官文化发达的原因，一是指出了史官一职的基本职能，那就是监督君主言行，昭示规范法度。就后一方面看，古代史官在社会政治体制中的地位十分特殊。

史官的渊源实际上是"巫"，即所谓"巫史"。它作为联系神界与人界的一个中介环节，担负着对下传喻上天旨意和对上汇报人事民情的双重使命。传喻上天旨意的主要方式是卜筮及对卜筮兆象所作的推测和解释。汇报人事民情的主要方式则是记史，把人间发生的事，特别是君主的言行和人民的情况记录下来，以让上天明鉴。后来，特别到西周有了较完备的国家政权形式，"巫史"的双重使命才出现分化，其"巫"的一面主要留落在民间，而其"史"的一面则在国家体制中发展为专门的官职，形成了发达的史官之制。但是，史官虽没有了

"巫"的角色特征，却仍保留着原始"巫史"代天立言记事的神圣信念和使命感。因此，他作为朝廷命官，固然要按统治者旨意行事，但其代天立言记事的神圣信念和使命感，又使之在人格上、精神上保持着一定程度的独立性。这也是历史上常有史官因坚守信念、直书无隐而同统治者发生冲突的重要原因。古代史官的这种特殊地位使他在记言录事的同时，又常对所记人事做出某种是非善恶的价值判断和好恶褒贬的情感评估。这样，历史在古代史官那里，就常常具有很强的主体性色彩，记言录事不是一种纯机械被动的写作行为，而是一种带有主观体验色彩和创造冲动的能动性活动——历史因此沟通了文学，同文学建立了内在的联系。这也就是古代许多历史学家同时也是文学家的缘由。

　　一方面是史官文化的极为发达，一方面是史学与文学的不解之缘，造成了中国古代审美文化的一个奇特景观，那就是史传散文的蔚为繁盛。

　　从史传散文的"传"主要指以人物为中心的

传记这一角度看，先秦时期的历史散文还不能算严格意义的史传散文。它们大都以记言或记事为主，人物描写只是记事、记言过程中兼而为之的现象。但正是这种兼而为之的人物描写，成为史传散文发展的渊源和胚胎。秦汉之际才是史传散文真正的开创期。**司马迁**（014）的《史记》作为一部以人物为中心记叙历史事件的纪传体著作，标志着史传文学的诞生。

014 司马迁像
（清刻本《晚笑堂画传》）

　　对于中国审美文化的发展而言，史传散文《史记》的独到内涵、特征、意义是什么？

　　首先，它最令人瞩目的是那种宏大的、广阔的、深邃的、高远的历史视野和纵横古今、雄视百代的壮伟气魄。应当说，这种宏阔的视野和壮伟的气魄只有在"大一统"的汉代鼎盛时代才会成为可能。因此，虽然《史记》看起来只是一种个人的写作行为，但它所依恃所反映的却是那个时代的主流审美文化精神。

　　《史记》是中国第一部纪传体通史著作。它记述了上自黄帝，下至汉武帝太初年间，大约三千多年的历史。在体例结构上有 12 本纪、10 表、8 书、30 世家、70 列传，共 130 篇。其中"本纪""世家""列传"大都为人物传记，共计 112 篇，为《史记》内容最精彩的主体部分。翻开"本纪"十二，我们看到的是从远古"五帝"开始的历代、历朝帝王的兴废之迹及与之相关的重大历史事件。显然，司马迁是以历代帝王作为历史事件的中心人物来加以描述的，同时这种描述又是他整个历史描述的统率和主纲。阅读"世家"三十，除《孔子世家》《陈涉世家》外，其他各篇均为春秋战国及汉代各主要封国诸侯、勋贵的传记。显然，如果"本纪"是以帝王为主角的话，"世家"则基本以诸侯为对象。那么，"列传"七十又主要是写的谁呢？《史记索隐》说："列传者，谓叙列人臣事迹，令可传于后世，故曰列传。"这一说法不确。实际上，"列传"所叙人物远比"人臣"要广泛得多、繁杂得多，其中包括贵族、贵族公子、各种官僚、政治家、军事家、思想家、文学家、经学教授、策士、隐士、说客、刺客、游侠、土豪、医生、卜者、商人、俳优、幸臣以及少数民族匈奴、大宛、西南夷、南越、东越、朝鲜等等。由此可见，《史记》所写人物范围，几乎涵盖历朝历代，各色人等。通过这一系列人物有声有色的活动，司马迁向我们展示了历史大舞台上一幕幕恢宏悲壮的人间活剧，一幅幅波澜壮阔的历史画卷，一篇篇深沉亢扬的时代华章！这种由大视野、大气魄而勾画出来的大场景、大历史，折射出来的正是在"大一统"的西汉语境中盛行的"究天人之际，穷古今之变"的"巨人"心态，表征的也正是在这一时代蔚为主流的"大美"文化气象。

　　其次，《史记》作为史传文学，其突出特色是它鲜明的写实精神。晚于司马迁不远的西汉刘向、扬雄以及东汉班彪、班固父子都认为,《史记》的基本精神就是"实录",而所谓"实录",也就是"其文直,其事核,不虚美,不隐恶"(《汉书·司马迁传》),亦即客观地述录历史事实。这种"实录"精神实际上与前面谈到的"巫史"时代即已形成的"直书无隐"的神圣信念和使命感有着深刻的联系。当然,对于司马迁而言,"实录"不仅是一种史学精神,也同时是一种美学追求,也就是说,通过这种"实录"式写作,他不仅要写出一部比较客观、完整、全面的历史,而且还要塑造出一系列有血有肉、富于个性的人物形象。通过这些人物形象,人们不仅可以生动直观地"看到"历史,而且还可以从中获得极大的审美满足和愉快。

实际上,"实录"是需要骨气和勇气的。对于先秦时期的史实,"实录"无非就是尽量客观地考订、选取、使用和表述历史资料的问题,而对于秦汉之际的近百年史,"实录"就不仅仅是个如何处置历史资料的问题,而更是一个直面现实、记录现实、评价现实的问题。这里面的诸多"忌讳"是不言而喻的。司马迁的"实录"精神正是在这里体现了它光辉的历史品格和美学意义。作者以真实为第一原则，不论写谁，都既"不虚美"，也"不隐恶"，因而其笔下的人物都不是平面的、抽象的、单一的，而是立体的、具体的、复杂的，是实实在在、有血有肉的生命个体。从皇帝王侯、贵族重臣，到地方长官、下层士民，在每个人物身上几乎都可以看到真诚与虚伪、豁达与狡诈、善良与丑恶、坚韧与怯懦、豪雄与卑琐、宽厚与暴虐、英雄与庸人等对立品格的糅合统一，从而展现了生命个体的多面性、矛盾性和真实性。如写刘邦这样一位大汉开国皇帝，倘从个人安危得失考虑，就只能写其正面，饰其功绩，将其"神化"。但司马迁却写出了一个复杂的活脱脱的刘邦，一方面固然有"神化"的笔法，有颂美的内容，《高祖本纪》中就突出了有关刘邦的诸多神异传说，也正面描写了刘邦的豁达大度，坚韧不拔，善于用人等等长处；另一方面也写出了刘邦"不事家人生产作业""好酒及色"的一面。在《项羽本纪》《萧相国世家》《淮阴侯列传》等篇中，司马迁对刘邦缺陷的描写就不再是含蓄的、表面的，而是直接展示其狡诈、

虚伪，冷酷、猜忌，甚至怯懦、卑琐和无能等内
在性格品质。这样，就向我们展示了一个真实可
信、生动可感的刘邦，一个"活"的刘邦。

对项羽的描写也是如此。司马迁总体上对项
羽持赞赏、同情和惋惜的态度，但对其暴虐、昏
聩等缺点也给以充分的批判性再现。正如钱锺书
所说：

> "语言呕呕"与"喑噁叱咤"，"恭敬慈爱"与"剽
> 悍滑贼""爱人礼士"与"妒贤嫉能"，"妇人之仁"与
> "屠坑残灭"，"分食推饮"与"玩印不予"皆若相反相
> 违，而既具在羽一人之身，有似两手分书，一喉异曲，
> 则又莫不同条共贯，科以心学性理，犁然有当。《史记》
> 写人物性格，无复综如此者。[3]

正因为将项羽的矛盾性格写得"无复综如此者"，
所以《项羽本纪》具有极高的文学水准和审美价
值，成为《史记》中脍炙人口、千古传诵的名篇。

总之，《史记》的"实录"精神，使其笔下
的人物形象不仅具有历史可信性，更具有文学
观赏性。正如日本学者斋滕正谦所说："读一部
《史记》，如直接当事人，亲睹其事，亲闻其语，

使人乍惊乍喜，乍惧乍泣，不能自止。是子长叙事入神处。"[4]从审美文化史的角度讲，它提供了一种偏于写实的范本化文学叙事模式，推动了汉代偏于外向认知的美学观念的较大发展，对后代小说、戏剧等艺术的影响至为深远。

再次，《史记》不仅重视随事写人，而且尤擅借事舒愤，因人表情。它通过一系列人物形象的描写，不仅客观全面地记叙了历史，而且也强烈地表达了作者对人生的悲剧性体验，抒写了作者鲜明的爱憎情绪和满腔的怨怼愤懑，表达了作者不媚不屈的人格志向和对美善理想的执著追求。在这个意义上，《史记》可以说既是一部历史著作，也是一部抒情长诗！这也就是鲁迅所说的，《史记》是司马迁"发愤著书，意旨自激"而凝成的"史家之绝唱，无韵之《离骚》"。它"惟不拘于史法，不囿于字句，发于情，肆于心而为文"[5]。当然，《史记》在记事写实的文体形式中所表现出的浓烈的言志表情色彩并不同于一般意义上的抒情诗，但它在美学精神上却与抒情诗有异曲同工之妙，有相通相契之处。

《史记》"发于情，肆于心"的审美表达方式主要有二：一是作者把自己的爱憎态度和情感评价寓于客观的事实叙述之中，通过人物自身的言行举止发表出来。通过对霸王项羽、刺客荆轲等人的描写，表现了作者的英雄主义情怀和理想；通过对名将李广虽功勋卓著却不堪贵戚排挤而"引刀自刭"的悲剧命运的描写，寄托了作者对自身不幸遭遇的怨愤与悲叹；通过刻画屈原、贾谊等一大批品行卓异、扬名天下，却最终或多或少落个悲剧性结局的英雄式形象，作者寄寓了一种怀才不遇、壮志难酬、英雄失路、无所归依的人生痛苦和信而见疑、忠而受谤的激愤情绪。这正应了作者自己所说的，"此人皆意有郁结，不得通其道，故述往事，思来者"（《报任安书》）。《史记》中许多人物和事实的描述，实际上也可视为作者自己某种"郁结"、某种"愤懑"的"隐喻"和"投射"。

二是作者以夹叙夹议的方式独抒胸臆，直发孤愤，明白显露地表达自己的主观感受和情感态度。这方面尤以《屈原贾生列传》和《伯夷列传》为最典型。屈原因品行高洁、忠君爱国而为小人所谗诟，被楚王所疏绌，遂于愤激之中作了

《离骚》。对此，司马迁评述道：

> 屈平疾王听之不聪也，谗谄之蔽明也，邪曲之害公
> 也，方正之不容也，故忧愁幽思而作《离骚》……屈平
> 之作《离骚》，盖自怨生也。

这段话，与他在《报任安书》中讲自己因舒愤懑
而写《史记》的意思几可互证，故可视为他自
己心迹的一种表白。他这样来评价屈原："其志
洁，其行廉"，"濯淖污泥之中，蝉蜕于浊秽，以
浮游尘埃之外，不获世之滋垢，皭然泥而不滓者
也。推此志也，虽与日月争光可也"。这里是赞
美屈原，但谁又能说这不是作者所抒发的一种自
我怀抱和心声呢？《伯夷列传》也是一篇只有少
量叙事，而大部分内容都是咏叹抒怀的传记文
章。伯夷与其胞弟叔齐是传说中的大贤，为人正
直清廉，主仁重孝。因反对武王伐纣而"义不食
周粟"，"遂饿死于首阳山"。对此，司马迁大发
感慨道：据说"天道"是讲善有善报的，那么，
伯夷、叔齐"积仁洁行如此而饿死"，他们算不
算是善人？若是善人，那老天又是怎样"报施善
人"的？相反，那些"日杀不辜，肝人之肉，暴

125

戾恣睢",“横行天下”之徒,“竟以寿终",“若
至近世,操行不轨,专犯忌讳,而终身逸乐,富
厚累世不绝"。对这样荒谬的事情,“余甚惑焉,
傥所谓天道,是邪非邪"！这就直接对“天不
变,道亦不变"的所谓“天道"的合法性、权威
性发出了有力的质疑,实际上也是作者对自己的
命运不公和内心幽怨的一种借题发挥。

这里有两个问题值得注意:一是对《史记》
这种以“实录"为原则的史传散文所表现出的抒
情色彩,究竟该作何理解?它是否同“实录"精
神相违背,以及它是否同魏晋以后那种“缘情"
论美学思潮相一致?我们认为,实际上,这种史
传散文的抒情色彩和魏晋以后的“缘情"美学,
虽在总体上体现了中国审美文化偏于主体、突出
情志、讲究体验的基本特征,因而在根本上有一
致性,但其间的差别还是明显的。《史记》的抒
情,一方面毕竟不同于一般的诗文抒情,它受史
传文体的限制,不能脱离客观叙事这一基本规
则,而且从更大的视野看,整个汉代审美文化也
都表现出明显的摹物写实特征,这都决定了《史
记》的抒情色彩不是也不会是主导形态。另一方

面，它的抒情特点是相对外向的、直白的、愤激
的和说辩化的，在很大程度上也可视为作者自我
心情的一种"实录"。这与魏晋以后的"缘情"
美学所讲究的那种内向的、体味的、含蓄的、神
韵化的抒情方式还是不同的。在很大程度上，
《史记》的抒情更带有汉代审美文化那种强烈的
认知性、实践性特征，是其外向性认知欲望和实
践冲动的一种伴生性激情体验。从这个意义说，
《史记》的抒情并不悖离其"实录"精神。

二是《史记》的叙事表情中涵蕴着一种主
体（作者）与现实（环境）之间的紧张气氛。行
文始终都充满着一种怨怼之气、愤懑之情。其对
"天道"的质疑和对"世道"的剖析，对人间黑
暗的控诉和对暴政专制的谴责，都可以说是很尖
锐很大胆的。这就在一定程度上突破了儒家"怨
而不怒""哀而不伤""温柔敦厚"的美学规范，
显示了一种古代审美文化中少有的反抗性和批判
性色彩。但这是否意味着司马迁已在整体上超越
了个体和社会、情感和伦理相和谐的古代审美文
化原则了呢？显然还不能这样说。事实上，他的
这种反抗性和批判性色彩，更多地尚属一种情绪

化的"舒愤懑"范畴，而不是一种真正个性化的
自觉理性的美学选择。具体地说，他的情绪化反
抗和批判并非真正超越他对王道理想、宗法伦
理、皇权政治、礼乐美学等等整个古代文化体系
的总体认同。天道公正、君主聪明、政治清廉、
礼乐相得等，仍是他用来审察、剖析和批判历史
现实的基本准则。这便决定了他所反抗、批判的
对象是非本质、非主流的东西，也同时决定了他
不会真正突破"温柔敦厚"的古典和谐美理想。
他在论乐时曾说："凡作乐者，所以节乐"，"故
音乐者，所以动荡血脉，通流精神而和正心也"
(《史记·乐书》)。这里的"节""和正"等观念，
即为古典和谐美理想的一些具体表述。类似的表
述，在《史记》中屡见不鲜。所以，可以大体认
定，司马迁的美学理想总体上仍是古典的、和谐
的，只是在这个基础上又包含着一定程度的激
荡、怨愤、抗争、批判等不和谐因素，再加上他
独发孤愤、直抒胸臆的表情方式，这就使得其文
章涌动着一股狂飙雷电般的力量和慷慨激烈的气
势，具有一种奇崛雄肆之象和抑扬悲壮之美，给
人以惊心动魄、一唱三叹的审美感受，从而以其

更加特异的文学素质呼应和凸显了西汉时代的"大美"文化精神。

散体大赋　　赋是汉代最为流行的文体。赋之于汉，如同诗之于唐，词之于宋，曲之于元，小说之于明、清，堪为当时文学的范型和代表。

有汉一代，以景帝到武帝这一时期为最强盛最发达，而这一时期也正是赋这一中国古代独具一格的文体的成熟期、鼎盛期，其主要体式，便是以司马相如《子虚》《上林》为代表的"散体大赋"（亦通称"汉大赋"）。因此可以说，散体大赋又可视为汉赋的范型和代表。

散体大赋的突出意义在于它鲜明地体现了秦汉之际，特别是汉武帝时代那种进取、拓展、认知、占有、征服、创造等主流文化精神，体现了该时代那种感性、外向、宏阔、繁富、博大、豪迈、雄奇、巨丽等主流审美文化特征。

对于散体大赋，或汉大赋的主要特征，新中国成立以来有过种种解释。一说它是歌功颂德、粉饰太平、内容空洞的贵族文学，因而是不值得肯定的；一说它着重在一个"讽"字，虽说是"劝百讽一"，但讽谕是它的创作宗旨，因而是值得肯定的；还有的说它堆砌辞藻、虚而无征，自然也属糟粕等等。这些说法，不能说没有一定道理，但总体言之，这种就事论事的简单肯定或否定，似乎更多地偏重于一种社会学意义的功能论、价值论评估，而忽略了对汉大赋内在审美特性的认知和解释。

再往前追溯，更传统的解释则是主要着眼于汉大赋的文学表现手段，认为其特色一在铺张或铺叙，一在夸饰或夸张，一在藻饰和辞采。这些概括大致不错，但用审美的眼光看，还需要作具体解释，以在理性的层面上揭示出汉大赋在表现手段背后所蕴含的具体审美意蕴。

首先，散体大赋的主要审美特性和功能并不在社会政治意义的讽谕（尽管有一定的讽谕因素），也不在主观情感的抒写（尽管有一定的情感想象色彩），而在于对外部世界的感性体认、摹拟、写实和再现。也就是说，它的美学支点不是内向的、心理的，而是外向的、认知的。它偏重于对对象的客观把握而非心灵的主观抒写，偏重于对外在感性世界的穷形尽相和遍观总览而非对主体行为的伦理反省和价值评估。这是我们对汉大赋审美特性和功能的一个基本判断。我们把这一判断视为汉大赋这一文体和偏于"言志""缘情"的诗歌有所区别的重要标志。实际上，古人对此已多有论述。左思说："发言为诗者，咏其所志也；升高能赋者，颂其所见也。"（《三都赋序》）陆机说："诗缘情而绮靡，赋体物而浏亮。"（《文赋》）这里的"所见"，便是与主体相对的大千世界，自然万物。而所谓"体物"，即是对所"见"之物的体认和摹拟。左思和陆机在与诗的比较中对赋所作的把握和阐释，应当说基本抓住了赋的审美特质之所在。

实际上，从赋这一文体的源流演变中也可看出这一点。元人祝尧在《古赋辨体·两汉体》中说："汉兴，赋家专取诗中赋之一义以为赋。"按这个说法，汉赋是从诗之赋、比、兴三义中的"赋之一义"转化来的。那么，"赋之一义"又有什么特点呢？刘勰解释说："'赋'者，铺也。铺采摛文，体物写志也。"（《文心雕龙·诠赋》）；锺嵘解释说："直书其事，寓言写物，赋也。"（《诗品序》）；朱熹解释说："赋者，铺陈其事而直言之也"（《诗集传》）。这些解释虽不尽相同，但在指出"赋"有"铺陈""直言""体物""写事"等特征上，却是共同的、一致的。这就告诉我们，赋的基本审美特征就是对客观事物、外部世界直接而充分的体认、描摹、雕画和铺述，或者说，是一种感性层面的写实和再现。正如刘勰在谈赋时所说："写物图貌，蔚似雕画，抑滞必扬，言旷无隘。"（《文心雕龙·诠赋》）大意是说，赋体工于描摹事物的形貌，其描绘的华美如同雕刻图画，它能把不显眼的事物写得鲜明突出，使所表达的内容广阔而不狭隘。刘勰对赋的这一描述，生动地揭示了赋偏于铺述、摹拟、写实和再现的审美特征。汉大赋作为赋之范型和代表，在这一点上更不例外。

汉大赋的代表作家是司马相如。鲁迅曾说："武帝时文人，赋莫若司马相如。"[6]那么司马相如的大赋创作是怎样的呢？元人祝尧引述定斋的话说:"长卿长于叙事。"(《古赋辨体·两汉体》)这即讲司马相如的大赋是偏于摹拟叙述客观事物的。事实上,他的《子虚》《上林》也正是如此。过去人们一提到这两篇赋,就往往以社会功利主义的尺度衡量之,肯定者如司马迁说它们"其要归引之节俭,此与《诗》之讽谏何异";否定者如班固说它们"竞为侈丽闳衍之词,没其讽谕之义",虽毁誉不一,标准却无二,即都未脱儒家诗教之窠臼。其实这两篇赋的真正妙处并不在此。从审美文化的角度看,它们的真正价值和意义在于用文学的话语形式再造了一个感性、繁富的外部世界,从而奠定了汉大赋偏于铺排描摹和体物叙事的基本审美模式。

《子虚》《上林》以游猎为题材,以假设的子虚、乌有先生和亡是公等几个人分别铺叙自己所见所闻的方式,先对齐、楚两诸侯国的物产之富,田猎之盛,继而对天子宫苑的壮观景象和君臣游猎的浩大场面一一展开叙述。这种叙述方式和结构本身就决定了作品的外向摹拟性质和感性认知趣味。同时,正是通过这些虚构人物的叙述,自然外界的纷繁物色成了作者刻意描摹、铺排和展现的主要对象。我们不妨摘取《上林赋》中描写离宫别馆的一段文字，来具体感受一下：

> 于是乎离宫别馆，弥山跨谷；高廊四注，重坐曲阁；华榱璧珰，辇道纚属；步櫩周流，长途中宿。夷嵕筑堂，累台增成，岩突洞房。頫杳眇而无见，仰攀橑而扪天；奔星更于闺闼，宛虹拖于楯轩。青龙蚴蟉于东厢，象舆婉僤于西清；灵圉燕于闲馆，偓佺之伦，暴于南荣；醴泉涌于清室，通川过于中庭。盘石振崖，嵚岩倚倾，嵯峨磼嶫，刻削峥嵘；玫瑰碧琳，珊瑚丛生。珉玉旁唐，玢豳文鳞，赤瑕驳荦，杂臿其间；晁采琬琰，和氏出焉。

从这段文字中，我们可以看到上林苑内离宫别馆的具体位置、地形、跨度、架构、层次、装饰、雕绘、阁道、长廊、台榭、屋椽、楼高、门窗、栏槛、正寝、厢房、闲馆、清室等各个侧面，还可以看到川过中庭、大石堆砌、低处倚倾、高处嵯峨、玫瑰鲜艳、珊瑚丛生、玉田广大、与石夹杂、色彩斑驳、如同夜光等各处胜景。这两篇赋几乎都充满了这种文字，其描述也大都追求以似为工，以博为要，以全为贵，以繁为尚的美学旨趣。

值得注意的是，其后的散体大赋，更加突出地袭用了司马相如所奠定的这种偏于感性描摹铺排记叙的审美模式。在以班固《两都》、张衡《二京》为代表的京都大赋里，"其体物状貌的创作意识之自觉，描摹再现的范围之广泛，写实拟景的手段之丰富，可谓尽其极至，令人感叹。在这种大赋里，天文地理、山川人物、宫殿苑囿、草木虫鱼、浮雕歌舞、珠宝珍奇、繁礼缛仪……但凡辞人所见所闻，无不可汇聚笔端。至于那不可胜计的专写一事一物的赋作，更在这个以真为美，以似为工，以全为贵，以细为法的美学焦点上有过之而无不及。就题材范围来说，可谓包笼万物，无所不摹，诸如宫赋、舞赋、屏风赋、笔赋、机赋、羽扇赋、琴赋、棋赋、柳赋、几赋、雀赋、针缕赋、捣素赋、出征赋等，从耕织征猎到珍玩饰物，从建筑工艺到琴棋书画，几乎涉及人们所接触的各种器物与事项，而在具体描写方面，其细腻、刻意、形似，简直达到无以复加的程度。如王延寿写《鲁灵光殿赋》，便变幻各种视角和焦距，用俯视、侧视、平视，用远距离鸟瞰、近镜头特写等手段，将殿堂的外观、内里、各个房间、每根雕柱，都尽行刻摹，几乎不放过每一个局部或细部，完全抵得上一幅宫殿解剖图。这里还要特别指出的是，如果说司马相如还试图在作品中加上一点讽谏作为点缀的话，这些赋作则连这种点缀也没有，自始至终就是对'物'的追逐和描摹"〔7〕。难怪茅盾不同意刘勰对赋体"铺采摛文，体物写志"的规定，指出："'写志'二字在汉赋中实已落空，只有'体物'倒真是汉赋的总面目。"〔8〕不管茅盾对汉赋估价如何，他这句对汉赋总面目的把握却是十分中肯的。

其次，散体大赋固然以体物叙事为旨趣，但这种体物叙事不是一般意义上的对事物的摹拟和再现，而是对对象的全体总貌，对世界的巨细宏微的完整把握和描述，摹拟、再现的是对象界的"全景"和"大观"。这种把握和陈述、摹拟和再现在更深的意义上，带有一种话语形式的外向扩张、占有和征服的浓厚意味，因而从文化语境看，与大汉王朝"大一统"的社会意志，以及士人阶层"兴造功业"的文化心态之间，存在某种因果关系。司马相如作赋，就旨在"控引天地，错综古今"，因为在他看来，"赋家之心，苞括宇宙，总览人物"（《西京杂记》卷二）。这与前述司马迁写《史记》是为了"究天人之际，穷古今之变"的伟大抱负不正如出一辙吗？不正都体现了西汉鼎盛时期那种积极进取，蓬勃向上，雄视天下，傲倪古今的主流文化精神吗？

正是在这里，散体大赋的体物叙事自然地蕴涵着一种豪雄之气，显现着一种宏大之象，表征着一种巨丽之美，如同《上林赋》中所说："君未睹夫巨丽也，独不闻天子之上林乎！"这一"巨丽"之说，对我们把握散体大赋审美特征是很关键的。

由此我们可以较深刻地理解汉大赋的"夸饰"和"藻饰"这两个基本特点。这是两个经常受到人们指摘的大赋特点。西晋挚虞的批评较有代表性，他说："今之赋（按指汉大赋）……假象过大，则与类相远；逸词过壮，则与事相违；辩言过理，则与义相失；丽靡过美，则与情相悖。"（《文章流别论》）这里讲的都是大赋的"夸饰"和"藻饰"所带来的"缺陷"。这一批评不能说毫无道理。"夸饰"也好，"藻饰"也好，既讲一个"饰"字，就避免不了主观色彩和想象因素，就会在某种程度上突破对象本身客观的时空秩序和物理表象，从而形成与原始物象时空的某种距离，产生新的审美表象。而所谓"夸饰""藻饰"，则一以夸大、夸张、夸耀等手法，一以文采华丽的语辞形式，来增加、强化事物形貌的特征和美，使之成为不同于客观对象的文学表象和审美对象。这自然也避免不了某种主观性、想象性，从而与原始物象"相远""相违"了。

但是，汉大赋的"夸饰""藻饰"还有自己特定的美学内涵。它所表现出的主观想象、情绪夸张、文辞丽靡等，一方面并未从根本上违背其体物叙事、拟象摹形的基本审美趣尚，即如挚虞所说，"今之赋"，还是"以事形为本"的（《文章流别论》）。换言之，它的夸饰性、虚拟性更多的是作为一种修辞手段来运用的，其目的主要不是为了抒情写意，而是旨在张扬客观对象的状貌和态势，使其情理形相得以充分地展现。对这一点，刘勰有很精辟的解释，他说，像司马相如笔下"上林之馆，奔星与宛虹入轩"这样的夸饰性描写，其实质正是"莫不因夸以成状"，即其夸饰的目的是为了拟景写实，"是以言峻则嵩高极天，论狭则河不容舠，说多则子孙千亿，称少则民靡孑遗……辞虽已甚，其义无害也"。所以他的结论是，"形器易写，壮辞可得喻其真"（《文心雕龙·夸饰》），亦即对于具体事物来说，夸张的言辞可以使它的形象更加真实。这个观点，应当说是对大赋夸饰特征的精深理解。

另一方面，这种夸张性描写和辞藻化渲染也是旨在创造大汉文学所特有的发扬蹈厉的"大美"气象。鲁迅说司马相如的大赋"益以玮奇之意，饰以绮丽之辞"，"不师故辙，自摅妙才，广博闳丽，卓绝汉代"〔9〕。这即涉及了汉赋的"夸饰""藻饰"（即所谓"玮奇之意""绮丽之辞"），是通过一种"自摅妙才"的主观方式，来表达大汉特有的"广博闳丽"之美。傅毅《舞赋》中有一句"摅予意以弘观兮"，似乎可以作为对鲁迅这一论述的绝妙注释。实际上，当司马相如说"赋家之心，苞括宇宙，总览人物"时，他已经用一种主观夸张的话语形式表达了这样一种西汉时代特定的"大美"情怀和气魄。所以，从根本上说，无论是汉大赋的夸张笔法，还是其丽靡文辞，实质上都是宏大、广阔、统一、强盛、雄奇、繁富、勃扬、豪迈等西汉社会现实和文化心态的一种文学反映。实际上，在前面讨论的论说散文、史传散文中，这些诸如铺排、夸张、渲染、藻饰等手段已经得到广泛运用，汉大赋只是将这些手段更加自觉地用来突出"大美"型时代文化精神而已。

再次，从审美文化发展史的角度看，西汉散体大赋的出现是一个意义重大的事件。它至少有两大贡献：其一，充分发挥了中国语言的审美潜能，极大地丰富了汉语词汇的文学表现力。它虽然在一定程度上有炫博耀奇、堆砌辞藻、滥用生词僻字之嫌，但同时在锻炼词句、讲究辞采、追求语词的摹物状景技巧和声色气势效果等形式美学方面，它又确乎大大地前进了一步。魏晋以后以沈约"四声八病"为代表的文学形式美理论的大发展，若没有此前汉大赋对语言之美的开发这一环节，那是不可想象的。

其二，也是最重要的，就是汉大赋极大地拓

展了艺术的空间意识，提高了文学体物摹形的
能力，开拓了审美的感性视野和对象界域，为
自然物真正获得独立之美作了比较充分的历史
准备。我们知道，中国审美文化总体上有着浓厚
的主观性、内向性和体验性色彩。从思想观念上
说，"天之历数在尔躬"（《论语·尧曰》），"万物
皆备于我"（《孟子·尽心上》），"万物与我为一"
（《庄子·齐物》）等论述，皆表明外在的、感性
的、物质的对象界并不与人相疏远，相对立，而
是与人息息相通，浑然如一的。因此，对于人而
言，它在本质上就难以构成一种认知性、思维性
客体对象，而主要是一种体验性、内省性对象。
换言之，在一种"天人合一"的主客结构中，主
体对客体的把握和体认，不用通过对它的外向性
探索和认知来实现，而主要是通过一种内向的自
省和体验来完成。这就使中国审美文化形成了这
样的特色：它总体上是偏于主体、内向、情感、
心理的，是偏于言志、缘情、畅神、写意的，与
之相应，则是像西方古希腊以来的那种"摹仿"
论、"求知"论、再现论美学观念在中国古代的
先天不足，相对匮乏。在整个先秦时代，我们

所看到的主导性的诗学理论是"言志"说，主导性的文艺形态是《诗经》《楚辞》这样的抒情诗，以及与诗一体、极为发达的音乐等。也就是说，是偏于主体的、表情的、言志的文艺作品和美学思想居于绝对优势，成为审美主流。相反，那种客观的、外向的、拟形图貌的描写，那种偏于客体的、对象的、摹仿写实的美学倾向却处于被遮蔽的状态，没有得到充分的发展。就文学来说，那种客观的景物表象的摹拟描写虽已经出现在作品中，但这种描写是不多的、有限的、非主流的、不独立的。它们要么只是表情言志的"比兴"手段（如在《诗经》中所常见的），要么只是主体人格的衬托象征（如《楚辞》中所多用的），要么只是某种寓言的形象载体（如在《庄子》中所惯写的）。总之，在先秦，感性的、外在的对象世界虽开始为审美所关注，为文学所描摹，但总的看还未从文艺所侧重的政治、道德、人事、情感等社会性、主体性内容中凸现出来，还处于被遮蔽的、从属化的状态。显然，这一状态是不利于审美文化全面发展的。

正是在这个意义上，汉大赋的审美价值就历

史地显露出来了。它将审美焦点由"向内"移换为"向外",对广大浩邈的对象界、自然界,极尽描摹铺陈之能事,使自然客体从先秦审美文化的"人事"氛围和"言志"趣尚中凸现出来,成为自己所关注所追逐所摹仿的主要对象,而且其描摹铺写的完整、细致、繁复、逼真,其风格、格调的色彩斑斓、纵横飞扬,都可谓尽其情致,达其极端,从而在体物写景、状貌拟象的丰富、具体、广博、直切等方面,已较先秦时代有了突破性、飞跃性发展。晋葛洪敏感地看出了这一点,他说:

> 若夫俱论宫室,而奚斯路寝之颂,何如王生之赋灵光乎?同说游猎,而《叔畋》《卢铃》之诗,何如相如之言上林乎?(《抱朴子外篇·钧世》)

应当说,汉大赋对外在感性界、对象界的艺术"开发"和对物质的形貌声色的文学"摹仿",为后世审美文化的发展提供了极其广阔的前景和可能。最为明显的是,它对魏晋以后自然之美和山水文艺的渐趋独立与深入发展,有着不可低估的开拓作用。

〔1〕　马端临《文献通考》卷二十八《选举考一》。

〔2〕　《国史大纲》（修订本），上册第 148、149 页，商务印书馆，1996 年版。

〔3〕　《钱锺书论学文选》第 3 卷，第 7 页，舒展选编，花城出版社，1990 年版。

〔4〕　《史记会注考证》引《拙堂文话》，见〔日〕泷川资言《史记会注考证》
第十册第 99 页，文学古籍刊行社，1955 年版。

〔5〕　《汉文学史纲要》，《鲁迅全集》〈八〉第 308 页，人民文学出版社，1957
年版。

〔6〕　《汉文学史纲要》，《鲁迅全集》〈八〉第 304 页，人民文学出版社，1957
年版。

〔7〕　仪平策、廖群《汉大赋——中国文学发展的必然环节》，《山东大学学
报》1988 年第 2 期。

〔8〕　《夜读偶记》第 8 页，百花文艺出版社，1958 年版。

〔9〕　《汉文学史纲要》，《鲁迅全集》〈八〉第 305—306 页，人民文学出版社，
1957 年版。

4

『百川归海』

讲综合倡新声的美学思想

在中国美学思想的发展过程中，秦汉之际与先秦时期的一个很大的不同，就是它遭遇了一个空前"大一统"的社会历史"语境"。这一"语境"给秦汉之际美学思想的发展带来了全新的契机、活力和前景。

先秦时期，美学思想表现出鲜明的个体性、门派性、类型性，是一种"百家争鸣"的多元格局，也是一种相对自由、开放、崇尚独创的状态。这与当时诸侯争霸、各国称雄的社会文化背景是一致的。

"大一统"的秦汉之际，则历史地要求着一种"大一统"的意识形态，历史地要求着一种"大一统"的美学思想。于是，各种不同的美学门类、流派、观点、体系，以"百川异源而皆归于海"（《淮南子·氾论训》）的大综合姿态，构成这一时期美学思想发展的突出特点和基本趋势。

从结构上说，秦汉之际"参与"美学大综合、大统一进程的基本思想资源主要有儒、道、墨、法、阴阳、楚骚等等，其中以儒、道为主干和核心。可以说，正是这些基本思想资源或以道，或以儒为主干和核心的不断组合、协调、重构和转换，推动了这一时期美学思想的发展。

思想"资源"的一般阐述

秦朝短暂，基本上没有留下美学思想，而西汉美学的思想"资源"，主要是指作为主流话语的早期"黄老之学"和中期以后的儒学。

西汉早期，标榜"清静无为"的黄老之学流行朝野。其原因从老百姓方面说，经过秦末战乱，"民失作业而大饥馑"，因而渴望社会安定。从统治者方面说，鉴于秦亡教训，力图"安集百姓"，因而采取与民休息的方针。于是黄老之学随即成为一门显学，成为文、景时期的官方之学和"主流话语"。

这个黄老之学亦被称做新道家。它的主要特点是什么？崇信黄老的代表人物之一司马谈说：

> 其为术也，因阴阳之大顺，采儒墨之善，撮名法之要，与时迁移，应物变化，立俗施事，无所不宜，指约而易操，事少而功多。(《论六家要旨》,《史记·自序》引)

显然。这个托名黄帝，渊源《老子》的黄老之学，已经容纳了阴阳、儒、墨、名、法等各家思想，因而从结构功能上讲，它已不再是原始意义上的道家，而是成了所谓"新道家"了。

它"新"在何处？就"新"在名曰"无为"实则"有为"的思想旨归上，亦即司马谈所谓

"事少而功多"上。换言之，它所谓"清静无为"，不是老、庄那种逃避现实、脱离社会、返归原始、回到虚无的"无为"，而是始终以现实为聚集点，旨在稳定社会、恢复经济、巩固政治、统御天下的"无为"。显然，这一种以"事功""大治"为追求的"无为"，实际上正是"有为"。当然，这个"有为"，不是秦代那种"蒙恬讨乱于外，李斯法治于内"，"举措太众，刑罚太极"，然而最终"事逾烦而天下逾乱，法逾滋而奸逾炽"（陆贾《新语·无为》）的"有为"，而是"与时迁移，应物变化"，通过按客观自然规律行动以取得"事功"的"有为"。用《黄老帛书》中的话说，就是通过"执道""循理""审时""守度"来不声不响地成就大事业。

因之，黄老之学所讲的"清静无为"，实际是为达到"事功""有为"而采取的策略和方式，是一种"为政之术"。从理论结构上讲，这是因为儒、法、墨、名、阴阳等诸家思想的"融入"其中，已使原始道家的"质"发生了改变。特别是道和法的结合在这里尤为重要。有的学者甚至认为，黄老之学就是道法家，不无道理。法家的极端功利主义、实用主义同道家的"无为而为"观念的结合，实际上构成了黄老之学（新道家）的基本思想骨架。黄老之学的"清静无为"思想，就是建立在明确的政治、经济等社会现实功利基础上的。在这个意义上，黄老之学的精神实质是偏于外向的、开放的、积极的和实践的。

武帝时代，西汉社会意识形态又面临重要转折。是时，政治一统，经济繁荣，疆域广大，国家强盛。在这种形势下，那种"无为而治"的黄老之学显然已经过时，西汉社会所需要的意识形态，应当是一种能加强思想控制，巩固专制集权的理性体系。于是，以董仲舒（前179—前104）为代表的新儒学便应运而生。

新儒学首先是一种儒学，或者说是以儒学为中心的。它提倡"罢黜百家，独尊儒术"，强调孔子"君君、臣臣、父父、子子"的正名之说，讲究"三纲五常"的伦理规范，标举"仁义孝悌"的宗法道德，推崇"礼乐教化"的统治方略。这是新儒学之所以得到统治者认同和尊崇的根本所在。

新儒学又不只是儒学，它同时还是一种吸收

了黄老之学，糅合了阴阳、名、法各家而精心构成的思想体系。就是说，它与黄老之学一样，也是在"综合"型思维的基础上形成的一种儒学新说，其中尤以对"阴阳""五行"观念的吸取最具特色。《汉书·五行志》说董仲舒"始推阴阳，为儒者宗"。正是这种理论上的综合性质，使董仲舒的儒学跟孔孟儒学就很有些不同了：它已产生了新的学理蕴涵和学术功能。简略地说这主要体现在政治伦理和审美文化两个方面。

在政治伦理方面，孔孟儒学更强调个体人格的道德修持和伦理整饬，而董仲舒的儒学却紧紧围绕着君主政治来构筑体系。它以阴阳、五行比附人事、政治，通过一种"天人合一"的理论假定，在皇权和神权（"天意"）之间建立起一种天然联系（"君权神授"），从而为中央集权专制的君主统治提供一种哲学—神学根据。显然，它是把维护、尊崇皇权政治权威作为其理论的根基和主旨，于是，它的政治化、官方化的"身份"与意味便很鲜明很突出了。从这个意义上说，董仲舒的儒学新就新在，它适应了西汉统治阶级新的权力意志和政治需求。

　　而在审美文化方面，孔孟儒家美学总体上以主宗法重血缘的"仁学"理论为基础，因而偏于讲究个体与社会、情感与伦理等"人事"层面诸审美矛盾因素的守中致和。董仲舒构筑的儒学美学则不再拘泥于宗法血缘的"仁学"思维模式，而是在理论上贯彻了一种兼容并蓄的精神，特别是将"阴阳""五行"学说同儒家的人事、伦理观念糅合起来，亦即将人事与自然、伦理与"天理"统一起来，从而建构了一个宏大的天人感应宇宙论图式和"天人合一"的美学话语系统。应当说，这样一种视野开阔、意象宏大的理论图式和系统，与汉武帝时代高度"大一统"的社会文化语境是息息相通颇相吻合的，或者说，它就是这个新的"大一统"社会文化现实在儒家美学中的折射和反映。

　　董仲舒在《春秋繁露》一书中所表述的"天人合一"话语系统，跟孔孟儒家的重要差异还在于，它不是所谓"万物皆备于我"（《孟子·尽心上》）那种以"我"为本，"外"向"内"、"天"向"人"的合一，而是以"天"为本，"人"向"天"、"内"向"外"的合一。"天"是"人"的根柢、主宰、始祖、依据、法则，即所谓"天者，万物之祖"(《顺命》),"天地者,万物之本"(《观德》),"为人君者,其法取象于天……为人臣者,其法取象与地"(《天地之行》)等等,而人只有在尊天、事天、法天、则天时才会达到事业的成功;否则,"反天之道,无成者"(《天道无二》)。这一种以"天"为本,以"人"为辅的理论观念,使他将儒家的美学视野从人事伦理扩展到了更为广阔的宇宙自然。于是,从董仲舒那里,我们听到了对"天地之美"异乎寻常的热情讴歌:

> 天地之行美也!(《天地之行》)
>
> 天地之化精,而万物之美起。(《天地阴阳》)
>
> 春秋杂物其和,而冬夏代服其宜,则当得天地之美,四时和矣。(《天地之行》)
>
> 人气调和,而天地之化美。(《如天之为》)
>
> ……

这种以儒学形态发出的对天地、万物、自然之美的反复赞颂,可以说构成了西汉美学的一种主流声音和鲜明特色。它充分显露了汉人外向地认知自然、积极地占有世界的满腔豪情与喜悦。

当然,董氏建立在天人感应基础上的所谓新

儒学，也有其内在的消极因素，比如它的政治化、官方化"身份"及其所具有的禁锢思想维护皇权之功能，它在理论上牵强附会的神秘性质和迷信色彩等等。这些消极因素在他以后的时代，特别是东汉时期便逐渐暴露了出来。

但无论如何，作为西汉时代的主要思想资源，黄老之学和以董仲舒为代表的新儒学，都在总体上以理论话语的形式反映了"大一统"的社会需求和历史趋势，呼应和表述了那个时代审美文化的主流精神。当然，相对来说，这其中最具典型性的恐怕还要数《淮南子》，它对"大美"理想的自觉倡扬和热切呼唤，是西汉审美文化真正的主题词和最强音。

倡扬"大美"的《淮南子》

《淮南子》，由淮南王刘安带着他的门客们集体撰写而成。该书的注释者、东汉人高诱在《叙》中阐发该书主旨时说："讲论道德，总统仁义，而著此书。其旨近老子，淡泊无为，蹈虚守静，出入经道。"这说明，该书基本是本于黄老之学，以清静无为为旨趣的。但同时它又大不同于道家之学。它还讲究仁义礼乐、修齐治平，有时还明确反对"无为"之说，认为"以五圣观之，则莫得无为明矣"(《修务训》)。这说明该书虽本于黄老，但又不泥于一义，而是体现出一种理论的包容性和综合性。《淮南子》所谓"讲论道德，总统仁义"，或"持以道德，辅以仁义"(《览冥训》)等，便表现了这种包容道、儒，综合各家的思想倾向。总体言，该书是一部以道为主，糅合儒、法、阴阳诸家的"杂家"著作，是西汉"大一统"社会文化语境的一种理论反映。

《淮南子》的这种包容性和综合性，使它在美学上拥有了深广的理论视野和独到的阐释功能，从而在许多美学问题上都做出了超过前人的建树。比如，他在文与质关系上提出的文、质"两美"(《诠言训》)说，在文与情、内与外关系上提出的"文情理通"(《缪称训》)说、"愤于中而形于外""情发于中而声应于外"(《齐俗训》)说，以及"内得于中""以内乐外"(《原道训》)

说，在形与神关系上提出的"以神为主""神制形从"(《原道训》)说等等，都体现了深邃而强烈的古典辩证法精神，对后代美学影响极大。但我们在这里想重点关注和讨论的，是《淮南子》所贯穿着的对"大美"文化异乎寻常的热切呼唤和倡扬。

《淮南子》又名《淮南鸿烈》。高诱注曰："鸿，大也；烈，明也。以为大明道之言也。"(《叙》)由此可见，其《淮南鸿烈》的书名，已经明白昭示了该书惟"大"是举、以"大"为美的基本题旨。实际上，对"大"或"大美"的追慕与向往确已成为贯穿全书的一条主线。书中说：

> 其道可以大美兴，而难以算计举也。(《俶真训》)
>
> 小恶不足妨大美。(《氾论训》)
>
> 今以人之小过掩其大美，则天下无圣王贤相矣。
>
> (《氾论训》)

从这里的字面意义看，"大美"是在同"算计""小恶""小过"等的对照中提出来的。它似乎包含着这样的意思：无论看待一件事，还是评价一个人，甚或是认识整个世界，都不应泥于小节，拘于细部，而是应看大局，抓主流，从整体的、本质的方面着眼行事。这就叫略其"小"而取其"大"。如此说来，这个"大美"的"大"是相对于"小"而言的，因此这个"大美"不是绝对的、无限的"大"，而是相对的、有限的"大"。从美学理论上说，这个"大美"显然不是康德所讲的只可作为理性对象、思维对象的"无限"的"崇高"，而只是一种感性的相对、有限的"壮美"，或者说，是一种无论"大"得多么不可思议，也仍然可以感知和把握的"壮美"。我们之所以作这种表述，是为了呼应前面经常提到的那个看法，即西汉审美文化形态是一种"大美"，也是一种壮美，而且还是一种偏于感性的壮美。《淮南子》所呼唤和倡扬的，也正是这种感性的"大美"或"壮美"。

《淮南子》更多的时候，不是直接讲"大美"，而是讲"大"，如"巨大""至大""大道""大丈夫""大方""大明""大义""大言""大知""大观"等等。这些"大"，可以视为"大美"文化的具体形态，具体表达。

高诱说，《淮南鸿烈》是"以为大明道之

言"，这个把握是准确的。《淮南子》对"大"的
倡扬，根本正在于对"道"（大千之根，万物之
本）的尊崇。这与它偏重黄老之学有关。但它
所谓"道"，又与老庄之道有别，没有了那种虚
无缥缈、玄奥寂灭的色彩，而是富于感性物质
的、世俗人生的具体内涵。正如高诱在《叙》中
所说，《淮南子》"言其大也，则焘天载地；说
其细也，则沦于无垠；及古今治乱，存亡祸福，
世间诡异瑰奇之事。其义也著，其文也富，物
事之类，无所不载。然其大较，归之于道"。所
以这个"道"，是包含着丰富的感性现实内容的
"道"，而"道"之"大"，也是蕴蓄着广阔宇宙
事象的"大"，是一种具有浓厚审美意味的"大
宇宙之总"：

> 夫道者，覆天载地，廓四方，柝八极。高不可际，
> 深不可测。包裹天地，禀授无形。…… 故植之而塞于
> 天地，横之而弥于四海。施之无穷，而无所朝夕。……
> 神托于秋毫之末，而大宇宙之总。(《原道训》)

由此我们可以发现，"道"并不是一个超验
的、纯形而上的抽象实体，它就与天地万物、四

方秋毫浑然不分，是气象万千、生趣盎然的物质世界之总和，是一个真正可感可触、缤纷生动的"大道"。那么，《淮南子》为什么要尊崇这样一个"大道"呢？

当然不是为了满足所谓形而上的思辨兴趣，也不是单纯为了探索宇宙、世界的本体论问题。《淮南子》尊崇"大道"，其旨归实际上在树"人"，在于树立能征服外部广大世界，全面拥有现实社会生活的"人"。集中到一点，就是旨在塑造一种时代性的"大美"人格——"大丈夫"：

> 是故大丈夫……以天为盖，以地为舆，四时为马，阴阳为御。乘云陵霄，与造化者俱。纵志舒节，以驰大区。可以步而步，可以骤而骤。令雨师洒道，使风伯扫尘。电以为鞭策，雷以为车轮。上游于霄霓之野，下出于无垠之门。刘览遍照，复守于全。经营四隅，还反于枢。故以天为盖，则无不覆也；以地为舆，则无不载也；四时为马，则无不使也；阴阳为御，则无不备也。……何也？执道要之柄，而游于无穷之地。
>
> （《原道训》）

这真是一段激情洋溢、精彩绝伦的文字！看哪，这个"执道要之柄"的"大丈夫"，统御天地，顶立霄壤，纵骋四海，傲倪八荒。自然界的一切皆为其所驾驭、所驱使，他成了整个客观世界的主宰。他可以"处大廓之宇，游无极之野，登太皇，冯太一，玩天地于掌握之中"（《精神训》）。甚至，他就是"大道"的化身，就是"大道"的人格形态，因而，他就是"大宇宙之总"！看哪，这个"执道要之柄"的"大丈夫"，他的襟怀何等广阔，他的形象何等奇伟，他的权威何等无限，他的气概何等雄大！虽然，这个"大丈夫"的塑造是在"黄老之学"的语境中进行的，因而似乎是"恬然无思，澹然无虑"，"反于清静，终于无为"的，但实际上，我们深切感受到的却是一种与黄老的清静无为颇相扦格的，充满生命强力、博大抱负、开拓意识、征服欲望的事功型、实践型"大美"人格，即如《修务训》中所说的"此自强而成功者也"！可以说，这种事功型、实践型"大美"人格正是这时代壮美文化气象的核心与灵魂！

作为一种"大美"人格，"大丈夫"人生追求的准则是什么？《淮南子》指出，那就是他的所有行为都要追求一种"大"的目标，体现一种"大"的境界：

> 知大己而小天下。(《原道训》)
>
> 是故能戴大圆者履大方，镜太清者视大明，立太平者处大堂。(《俶真训》)
>
> 块阜之山，无丈之材。所以然者，何也？皆其营宇狭小而不能容巨大也。(《俶真训》)
>
> 故不观大义者，不知生之不足食也；不闻大言者，不知天下之不足利也。(《精神训》)
>
> 小马非大马之类也，小知非大知之类也。(《说山训》)
>
> 故其见不远者，不可与语大。(《齐俗训》)
>
> 托小以苞大，守约以治广。……诚通其志，浩然可以大观矣。(《要略》)

从这里可以明显感到，对于汉人而言，"大"是一种智慧，一种眼界，一种胸怀，一种德行，一种语言，一种人格，是一种带有普遍性品格的价值目标和审美境界，是一种最具典范意义的壮美型实践精神和文化气象！

正如前面所指出的，这一壮美型文化气象在

西汉时代又是偏于感性的、外向的、动态的、实践的。也就是说，这种"大"固然包含着汉人的特定精神、智慧、胸怀、意识等"内在"因素，但其主要的显现形式却不是"内向"的、精神的，而是"外向"的、实践的，是主体一种不断向外开拓、发展的动态过程，或者说，是主体"内在"的宏伟抱负和博大胸怀摒弃"小道"，突破"狭小"，而向"外在"的客观物质界不断伸张、拓展和实现的过程——在这一过程中，主体获得的不仅是一般意义上成功的喜悦，而更是一种具有浓厚审美体验色彩的"大乐"：

> 今囚之冥室之中，虽养之以刍豢，衣之以绮绣，不能乐也。以目之无见，耳之无闻。穿隙穴，见雨零，则快然而叹之，况开户发牖，从冥冥见炤炤乎！从冥冥见炤炤，犹尚肆然而喜，又况出室坐堂，见日月光乎！见日月光，旷然而乐，又况登泰山、履石封，以望八荒，视天都若盖，江河若带，又况万物在其间者乎！其为乐岂不大哉！(《泰族训》)

对比老子所说的"不出户，知天下；不窥牖，见天道"(《老子》第四十七章)，就会发现"旨近老子"的《淮南子》在这段表述中已经大大地突破了《老子》。在它看来，固守在昏暗的屋子里，即使吃得好、穿得美也不会有什么快乐，因为对外界一无所知。而打开门窗，一下子从昏暗中见到了光明，则顿觉喜不自胜，高兴得有些放肆了。而走出内室，来到厅堂，见到灿烂夺目的日月之光，不由感到心旷神怡，欢欣异常。而走出家门，登上泰山，踏上高坛，远望八荒，只见广邈的天空就像一面盖子，蜿蜒的江河就像条条带子，千景万物遍布它们中间，这时产生的快乐难道不是最大的快乐吗？

这种"大乐"，正是一种"浩然可以大观"的快乐，一种可以充分地感知、认识、把握外部广大世界的快乐，而"浩然可以大观"之成为可能，也正是主体步出冥室，超越狭小，外游大廓，高瞻无极，从而"知大己而小天下"的结果。外部世界是"大"的，但在主体的"大知""大明""大慧""大观"面前，却又显得是"小"的，是可以为主体所自由玩赏和"鉴观"的：

> 夫观六艺之广崇，穷道德之渊深，达乎无上，至乎
> 无下，运乎无极，翔乎无形，广于四海，崇于太山，富
> 于江河，旷然而通，昭然而明，天地之间，无所系戾，
> 其所以监观，岂不大哉！（《泰族训》）

所以，相对于外部世界的"大"，主体的"大知""大明""大慧""大观"，亦即充分地感知、鉴识、掌握、拥有外部世界的力量则更"大"。它可以"大"到自由地"囊括四海，并吞八荒"，自由地"玩天地于掌握之中"（《精神训》）。这是一种何样的气魄，何样的豪情！它带来的自然就是"大乐"——一种主体自我伸展、自我肯定、自我实现、自我观照的审美化"大乐"！

很明显，作为对"大美"文化形态的一种极致性审美体验，《淮南子》所标榜的"大乐"，其表现形式是主观的、心理的，但其内在蕴涵却是客观的、现实的、对象性的，是对主体的外向性认知行为和社会实践的一种肯定。也就是说，这种"大乐"包含着主体对广大物质世界的外向性感知、认识、实践、征服的胜利的欢欣与快乐。

因此，无论是"道"之"大"，还是"人"之
"大"，抑或者"乐"之"大"，根本都在客观现
实的"大美"文化气象上，都在"横八极，致高
崇"（《泰族训》）这样一种感性的、外向的、开
拓性的壮美文化实践上。

因为《淮南子》采取的是一种理性话语形
式，所以它对"大美"文化的热切呼唤和倡扬，
正标志着秦汉之际那种物态化、感性化的壮美文
化理想已趋于自觉和成熟。

东汉时代的"崇实"趣尚

公元25年，光武帝刘秀复兴汉室，登上皇位，定都洛阳，是为东汉。

由西汉向东汉的转换，并不仅仅是一种简单的朝代更替，它同时还是一种社会历史文化、特别是审美文化的一次重大变异。

正如钱穆所言："西汉的立国姿态，常常是协调的、动的、进取的"，而"东汉的立国姿态，可以说常是偏枯的、静的、退守的。此乃两汉国力盛衰一总关键"[1]。

东汉国力为什么是"偏枯的、静的、退守的"？主要原因有：皇帝权力的高度集中和专制，外戚、宦官对朝政的轮番干预，地主豪强势力的空前膨胀，社会阶级矛盾的日益尖锐等等。但从与审美文化关系最为直接的社会意识形态层面上讲，东汉国力（也是其"文化"）之所以出现"静的、退守的"态势，也与儒术的全面"独尊"化和"神学"化不无关系。我们知道，从汉高祖到汉宣帝的约二百年间，汉王朝实施的是"霸王道杂之"的统治策略。这一点与西汉前中期的鼎盛有一定联系。但自汉元帝真正实施废法尊儒起，汉代便开始走下坡路了，而且值得注意的是，在整个中国古代史上，大凡儒学独尊的时代，其文化常常呈"内敛"的，即"静的"和"退守"的状况。这是一种耐人寻味的文化现象。所以，当光武帝刘秀独标儒学，并使之与谶纬迷信结合起来时，社会意识中内在的生命力、创造力、想象力便趋于凝滞，大汉王朝自元帝开始的衰落过程便更加难以遏止了。王国维曾说，"儒家唯以抱残守缺为事"，故"自汉以后……学界稍稍停滞矣"[2]。其实不独"学界"，整个汉代文化也自此"稍稍停滞矣"！

不过，对东汉国力（或文化）是"偏枯的、静的、退守的"这一说法，也不宜做绝对化理解，因为这只不过是同西汉相比较而言的。事实上，东汉文化虽有委顿退守之势，但总体上尚未完全从外部广大的现实而退缩至内在心灵的一隅。在很大程度上，它还处于这一转化（"退守"）的"中途"，或者说还处于某种文化转型的酝酿期、过渡期。

所以，表现在东汉审美文化上，西汉那种蔚为壮观的"大美"气象固然已显衰微的端倪，但也并未消隐殆尽。西汉那种发扬蹈厉、感物

造端、慷慨雄放、广大宏伟的文化风貌，那种
开拓的、扩张的、充满想象力和创造力的时代
精神固然不再独领风骚，但其中所蕴含的那种
外向的、阳刚的、理性的、务实的文化意识依
然没有完全"退场"，它仍以一种伦理化、功用
化、世俗化的审美观念，以一种"贵真""尚
质""崇实"的文化趣尚体现着在东汉时代的延
续、嬗变和发展。

在相对的意义上，如果说，西汉审美文化是
在外向性地、激情化地开拓、占有和征服世界
的时代精神中展开的话，那么，东汉审美文化则
更多的是在守护、记述、玩赏和享用这一世界的
社会意识中演进的。换言之，东汉审美文化所关
注、沉迷和投入的不再是一种广大的、辽远的、
具有无限意味和神秘色彩的外部世界，而主要是
一种日常的、实在的、当下的、经验的、人伦
的、凡俗的现实。

王充在批评汉大赋时指出："虽文如锦绣，
深如河汉，民不觉知是非之分，无益于弥为崇实
之化。"（《论衡·定贤篇》）这一"崇实"说的明
确提出，有着极大的代表性和普遍性。它是东汉

审美文化中的"主题词"。

当然，在文化的"退守"过程中所形成的这一"崇实"趣尚，其审美内涵、形态并不是单一的和僵滞的，而是多层的、复杂的、不断变化的。它既指一种非宗教的世俗化、人间化情结，也指一种以伦理教化为旨归的现实效应；既指一种场景复现和事件叙述的写实化原则，也指一种贵真实、"疾虚妄"的文化态度；既指一种避"狂"就"中"、明哲保身的实用理性，也指一种在艺术里写景抒怀、任心恣性的真情实感……总之，东汉审美文化在一种"退守"的姿态中，更加关注此岸人生、经验事实，更加强调功用实效、本性真情，更加推重以"真"为美的精神、以"实"为主的趣尚。

〔1〕 《国史大纲》上册，第 193 页，商务印书馆，1996 年版。

〔2〕 《论近年之学术界》，《王国维文集》第 3 卷，中国文史出版社，1997 年版。

孝道观念与墓葬文化

要谈墓葬艺术，不能不谈中国古代有关丧葬的文化观念；要谈有关丧葬的文化观念，就不能不首先谈到儒家，因为儒家对中国传统丧葬观念的影响最为显著和深重。

儒家对丧葬观念的深刻影响根本在于一个"孝"字。什么是"孝"？《说文》解："孝，善事父母者。"孝"是儿女对父母所承担的天然道德义务。做儿女的能尽心奉养和绝对服从父母者，是谓"孝"。在一个以氏族血缘为纽带的中国宗法社会体系中，"孝"是一个文化本体范畴，也是儒家学说中的一个核心概念。孔子说："孝悌也者，其为仁之本与!"(《论语·学而》)"仁"是孔子思想的根本，而"孝"则又为"仁"的根本，由此可见"孝"在孔子学说中的地位和意义。传说是"孔子为曾子陈孝道"(《汉书·艺文志》)而成的《孝经》一书，对"孝"更作了进一步阐发：

　　子曰："夫孝，德之本也，教之所由生也。"(《开宗明义章》)

　　子曰："夫孝，天之经也，地之义也，民之行也。"(《三才章》)

"孝"为道德之本，教化之源。"孝"的绝对性就在于，不仅父母生前要"孝"，父母死后也要"孝"。对于子女而言，"孝"是超时间、超生死的。唯有这样的"孝"，才叫做真正的"孝"。所以，《礼记·卷五十二》中说："事死如事生，事亡如事存，孝之至也。"于是，儒家"孝"的观念便在丧葬礼俗中得到了充分的体现。

汉代是一个特讲"孝道"的时代。汉代皇帝谥号多冠一个"孝"字，如孝文帝、孝武帝等。至东汉，"孝道"尤受推重，得以大行。《孝经》开始立于学官，被奉为儒家"七经"之一。西汉以来实施的察举、征辟制度，有"茂才""孝廉"两项，到东汉则只举"孝廉"一项。"茂才"即秀才，为才德优异之人，偏于才学；"孝廉"即孝子廉吏，尤偏于德行一面。东汉独举"孝廉"，诸科皆废，表明重德行更甚于重才学，而"孝""廉"之中，又以"孝"为先。东汉士人多有为后世所推美的厚德高行，其中孝行占了绝对比重。比如盛行的"久丧"风习，即为孝行范例。钱穆说："西汉重孝，尚少行三年丧者。东汉则'谓他人父'，对举主、故将亦多行孝三年，而父母之丧有加倍服孝者。"[1]

怎样才能在丧葬礼俗中充分体现一个"孝"字？最根本的还是如荀子所说："丧礼者，以生者饰死者也，大象其生以送其死也。"（《荀子·礼论》）就是说，丧礼的意义不是将死者一埋了事，而是要给死者布置一个与生前一样，甚至比生前还要好的生存环境和生活场所，使死者（的鬼魂）感到死后跟生前没什么大的区别，他在阴间依然享受着阳世那样的福祉。所以，做儿女的，决不能"厚其生而薄其死"，否则的话，便是对死者的背叛，便是大不孝了。

于是，为了体现儿女后人的"孝道"，或至少争个"孝"的名声，一种厚葬之风便兴盛起来了。其中最突出的标志，便是葬玉，特别是"金缕玉衣"的大量出现。玉质地温润缜密，光泽柔和，自距今7 000年的新石器晚期以来，一直就是人们极为推重的高贵、珍贵之物。《说文》曰："玉，石之美有五德者。"说明它不仅在物质上是最宝贵的，而且还是道德的、审美的至上象征。至汉代，玉器制作有了较大发展，特别是西汉中期以后，在孝道观念和厚葬之风催动下，出现了许多奢华的随葬玉器品种，最典型的便是"葬玉"。所谓"葬玉"，就是专门为保护尸体而制作的玉器。它在汉玉中占很大的比例，其中以玉衣为代表。玉衣是汉代专门给死去的皇帝和高级贵族穿的殓服。完整的玉衣，外观和人体形状相似，分为头部、上衣、袖子、裤筒、手套和鞋六大部分，头部又由脸盖和头罩构成。玉衣由许多小玉片用纤细的金丝、银丝或铜丝穿缕编缀而成。用金丝编缀而成的，称为"金缕玉衣"。这种"金缕玉衣"只有皇帝死后可以使用，但有时皇帝也特赐给他的亲王或大臣。以玉衣做殓服，目的是希望尸体不朽，祈愿死者常在如生，以表达后代孝敬之心。1946 年 9 月，在河北邯郸的一座汉墓中首次发现玉衣的玉片。中华人民共和国成立后，也曾多次发现玉衣，但都不完整。1968 年，在河北满城西汉中山靖王刘胜和其妻窦绾的墓中，首次发现了两套完整的**金缕玉衣**（彩图 7）。这是有准确年代可考的最早的玉衣。其比例之精确、象形之逼真、制作之精美、气派之奢华，令人慨叹。此外，在河北、江苏、安徽、山东、陕西、河南、广东、北京等地的许多汉墓中，也曾出土完整的玉衣或玉衣上的玉片。据考证，以玉衣作为殓服是从汉武帝时期开始盛行的，而到东汉，玉衣已明确分为金缕、银缕、铜缕三个等级，确立了分级使用的制度，身着玉衣入殓已成上层社会之风尚。直到魏文帝曹丕，吸

取汉代诸陵因殓以"金缕玉衣"而被盗掘的教训
才将此风废止。在考古中,确也未曾发现汉代之
后的玉衣[2]。

同时,为了"大象其生以送其死",充分体
现"事死如事生"的孝敬之道,汉人还将种种现
实场景模拟、复制和搬演在墓葬之中。于是,我
们看到了堪称汉代艺术一大典范的画像石、画像
砖,看到了琳琅满目的"模型明器",看到了一
种住宅化的墓室建筑结构形式,看到了颇具生活
气息和现实感的陶塑与壁画。

墓室构造:

一种"拟世间"样式

墓室,自然是一种葬埋死人的场
所。由于强调"孝道",讲究"事
死如事生",所以要求葬埋死者的
场所要造得与其生前住的房屋居室
一样,使死者在阴间仍能"体味"到一种温情
熟稔的"生"的环境和气息。于是,陵墓内部
应当造得像一处家居室宅,便成为其基本的形

制构造原则。反映在陵墓的形制结构上，就形成一种家居化、人间化、日用化、世俗化的构造样式。

当然，这种墓室形制结构并不是一开始就凝定了的，它实际上经历了一个很长的演化变迁过程。汉代以前，墓室形状大都为一种长方形的土坑，而且，不论大小、深浅如何，多是从地面一直往下挖，呈现的是一种"竖穴"样式。秦汉之交，开始在黄河流域流行横开墓圹的习俗，有的则"穿山为室"，统称"横穴"。自此"横穴"遂成两汉及后代墓室之定制。"横穴"取代"竖穴"，其最大的功能就是便于人们把生前的住室样式"搬"到阴间继续享用。因此，汉代墓室实行横穴之后，其形制结构便完全人间化、阳宅化了。尤其是西汉末期开始取代木椁墓而流行石室墓，到东汉又普遍用小型砖砌筑墓室，有的地方则用崖墓，就使这种人间化、阳宅化的墓室构造形式获得愈加完善的发展。

皇陵的地下"寝宫"，一般仿照宫殿形制建造，皆为宏构巨制，宛如一座座地下迷宫，借用后代的一句话，叫做"宏丽不异人间"（《新五代史·温韬传》卷四十）。就一般的汉墓形制而言，墓内常分为前室、中室、后室、耳室、回廊等。具体到每种墓室，其构造可能繁细多样，但基本形制还是大同小异的。其中有三种墓较为典型：

"崖墓"，是在山崖上横向穿凿洞穴，盛行于四川一带，多为东汉墓葬。如四川白崖崖墓，以四十五号墓所表现的建筑手法最为丰富。前面有三门，内有享堂，后有两墓穴，各有前、后室及棺室。门外有雕刻，享堂的壁面隐起柱枋，顶部有覆斗形藻井，俨如地上建筑的形制结构。

"砖室墓"，是大约自西汉末起出现的一种用小型砖砌筑的半圆形筒拱结构的砖墓室，东汉初发展为穹隆顶，以后迅速推广至各地。如河北定州的中山简王墓、望都的太原太守墓及内蒙古和林格尔汉墓等，都属这种砖室墓，其内部有前、中、后室及耳室等，规模、布置均仿生前住所，宏大壮观。

"石室墓"，也是西汉末开始流行的，它用整齐的石块垒砌墓室，在墓壁上雕刻画像，所以又称画像石墓。这种石墓在东汉获得广泛的发展，其内部结构由多个墓室构成，平面布置复杂，其格局也仿照的是现实生活中梁柱结构的住宅居所。如山东沂南、安丘等地**画像石墓**（015）。

当然，这只是对几种类型墓室形制所作的一般的、概括性的描述。实际上，在具体的墓室构造中，其对现实人间住宅居所的仿制要更为复杂和多样。如徐州汉墓在形制、功能的设计上就几乎像世间居院一样的完备齐整，不仅有一般的前室、中室

墓前有门，前室和中室内有柱，柱上有斗拱，斗拱上有梁，梁上有板，四周是石墙，俨如一间仿木结构建筑的室内形式。

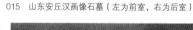

015 山东安丘汉画像石墓（左为前室，右为后室）

（明堂）、后室、耳室等，还有侧室、御府、武库、厕所、仓房、浴间、柴房、水井等，有的甚至还增设了宴饮、游乐等"场所"，整个墓室构造已经非常贴近世俗的家居住所了。

汉代以来，特别是东汉墓室所普遍施行的"拟世间"房屋构造样式，向我们透露了一个明确的文化信息，那就是在当时人们心目中，唯有人间的、此岸的、世俗的生活才是人心所系，灵魂所归。这里没有西方人所向往的那种绝对超世间的天堂。即使有天堂，这个天堂也不远离人间，而就根植于人间之中。人间自有天堂在，何须远往彼岸求？所以人死后仍住在原来那样的"房宅"里，"呆"在原来那样的环境中，就是一种很理想很完满的结局了，儿女们的"孝道"也因此而充分体现出来了，还有什么比这样更好的吗？

这种具有鲜明的民族审美文化意味的人生观、生死观，是理想的、神秘的，更是现世的、务实的，或者说，它以神秘的形式显现着非常质朴、实际、真切、自然的生活内涵和生命理想。因此，在审美文化史的意义上，它构成了东汉时代"崇实"趣尚的一种特殊景观。

陶瓷工艺：

从礼器到日用

工艺美术是审美文化的重要承载者和体现者，而陶瓷工艺又以最古老、最日常的形态直接显露着审美文化的感性光辉和人文意义。

这里主要谈的是在汉墓中作为随葬品的陶器和瓷器。从历史上看，汉代是我国陶瓷工艺从陶到瓷的重要发展和转型阶段。一方面，据考古资料，汉墓随葬陶器的数量和品种，大大超过了以往各代，其分布遍及全国南北各地；另一方面，汉墓随葬瓷器也有了突破性发展，除原始瓷（有人称作"釉陶"）有着较广的地区分布外，瓷器（主要是青瓷、黑瓷）也于东汉中晚期首次烧成。在广东、江苏、浙江、江西、湖南、湖北、四川、河南、河北、安徽等地的东汉墓葬和遗址中，已发现了大量瓷器遗物，品种甚多，数量不少，质量很高。它表明，东汉是中国瓷器创烧成功的时代。

两汉陶瓷在产品门类和造型形式方面都有着明晰的演变过程。先说陶、瓷器物的产品门类。西汉早、中期，随葬陶、瓷器物中礼器明显较多。陶器多为鼎、敦、盒、钫、壶、仓、灶、罐、瓮或盆与碗的组合，而瓷器（原始瓷）用品则常用鼎、盒、钫、瓿、敦、壶、罐等等。可见，二者共有的鼎、敦、瓿、钫、盒等传统礼器（或仿礼器）所占比重还是不算小的，而壶、罐之类虽然有时也可作礼器用，但大多数情况下属日常生活用品。所以总起来看，这时期的随葬陶、瓷器物还更多地带有先秦时代常见的祭祖敬神的文化功能。

西汉晚期，随葬陶、瓷器物中的日用品开始有所增多。除仍有鼎、敦、壶、仓、灶、罐等器物外，还出现了陶井、陶炉、陶釜、陶甑、陶灯等生活用品。在原始瓷产品中，盒已不见，鼎也发现较少，常见的有壶、瓿、罐、盆、碗等日用器物，同时还出现屋仓、猪舍、羊舍和牛马等瓷塑与明器。这意味着，西汉晚期随葬陶、瓷器物中，礼器减少而日用性明器增多的趋势已经形成。

东汉时代，这一变化的趋势愈加显著。东汉早期随葬陶器中。鼎、敦一类的传统礼器骤减，而作为当时流行的生活用器如盆、案、耳杯、勺等仿制品的陶制明器则大量出现。到东汉中、晚期，陶鼎、陶敦之类的随葬礼器已消失不见，生活性、日用性陶器不仅占了绝对统治地位，而且新的种类如陶制的家畜、家禽、**楼阁**（彩图8）、仓房、磨坊、臼房、猪圈以及"乐舞百戏"等明显增多。

同时，东汉时代随葬的原始瓷器物里，瓿、钫、鼎等礼器已经消失，而以壶、罐、印纹罍等为代表的实用器则数量大增，还出现了五联罐、盘、簋、熏炉、虎子和臼等。特别要指出的是，东汉中晚期产生的真正的瓷器中，基本上已没有礼器（或仿礼器）随葬品了，常见的青瓷器物有碗、盏、罐、耳杯、盘、盘口壶、酒樽、簋、钟、虎子、水盂、熏炉等生活用品[3]。

由此可以确认，在东汉时代随葬的陶瓷工艺器物中，偏于祭祖敬神的礼器一类已基本消匿，而偏于日常性、实用性的生活用器则占了主导地位。这表明，一种与理想生活方式相关的、偏重世俗日用的、"疾虚""崇实"的审美文化精神，正在东汉时代的随葬陶瓷工艺器物中直观地显现出来。

再看陶瓷器物的造型形式。汉代陶瓷器物总体上都以大弧线造型为主，具有单纯、朴素、敦厚、丰满之特点。但具体地看也有一个纵向的变化过程。

以壶为例。汉代随葬的陶壶、瓷壶，其造型形式一般呈现出这样的演变轨迹：西汉早期呈长颈、扁圆腹、高圈足形状；西汉中期则变得颈较短，成喇叭形，圆腹，底部变成矮圈足，甚至变成平底，例如可见**汉代彩绘陶壶**（彩图9）；西汉晚期至东汉，颈部则变得粗短，椭圆腹，平底，有的腹径几乎大于壶的高度，显得矮胖敦壮。从壶的造型形式的这一变化轨迹也可以看出，那种稳定性、实用性、世俗性的意味和功能变得越来越突出了，在审美观感上也逐渐由峭拔庄重而日益变得圆和丰润了。

总之，随着西汉向东汉的变迁，随葬陶瓷工艺器物这种在功能上由偏于祭礼向偏于日用，在造型上由偏于峭直庄重向偏于丰圆平稳的发展演化，也从一个特定的侧面反映了东汉审美文化日趋世俗化、功用化、"崇实"化的主流态势。

绘画旨趣：

从仙界到人间

汉代是中国绘画史上第一个有大量画迹传世的时代。潘天寿说："吾国明了之绘画史，可谓开始于炎汉时代。"[4]

汉代绘画迄今来看，当以墓室壁画为最盛。从西汉中、晚期一直到东汉时代，壁画皆称得上是绘画之主体。西汉早期的壁画目前尚未发现，但这处空白恰好可由湖南、山东等地发现的同时期墓葬帛画来填补。因为壁画、帛画虽不尽同，但其文化功能和审美旨趣却是贯通一致的，所以可作为汉画发展的整体轨迹来考察。

迄今发现的较为完整清晰的西汉早期的三幅帛画，其审美文化题旨都是"升仙"或叫"引魂上天"。**湖南长沙马王堆一号汉墓出土的帛画**（彩图 10）最为典型。秦汉方士都认为仙山应在大海之上，所以画的下部绘有大海，海中有双鲸盘绕，鲸尾各立一长角怪兽，鲸背上有一裸体力士，双手向上托举着表示大地的平板。这一部分当象征的是地下情景，即所谓"黄泉"。大地之上则是人间的情景。中间画有两条巨龙左右穿绕于圆璧，龙尾贯穿到画幅下部，起到联系整体构图的作用。壁下悬一大磬，左右流苏之上有二羽人，应是引导主人灵魂升天的仙人。在穿璧双龙之上有一下卧双豹的平台（象征"通天大道"），一位形体较大、服饰华美、拄杖而立的老妇人，正在徐徐前行。这位老妇人当是墓主人之形象。其身后有三位拱手恭侍的婢女，面前有两个衣着红袍、青袍，头戴雀尾的男子拱手跪迎，似是引其升天的使者。再上则是天上部分。在天门之中，有二人相对而坐，应为天国司阍者。其上左右各伏一豹，各升一龙，中间有二仙鹤衔铎。上部左方为一勾新月，月上有蟾蜍玉兔，右方为一红日，日中有一黑乌。日月之间，亦即全画正上方的中间，有一人身蛇尾女子腾空飞翔，或可理解为死者灵魂升天的形象。左有二鹤，右有三鹤，各翘首张喙而鸣，似是表示迎接死者升天成仙的意思。显然，这一幅构图考究、中心鲜明、上下连贯、左右对称的帛画作品，突出的是一个文化主旨，那就是死后"成仙"。

　　长沙马王堆二号汉墓出土的一幅帛画，除死者为男性外，主题与构图大致跟前一幅相同。第三幅帛画是在山东临沂金雀山九号墓出土的，其旨趣和构图与前面两幅也基本相同，只是不作"T"形平面处理，而与一般的旌旗相似。长沙马王堆与山东临沂金雀山相距数千里，而帛画的主题、风格却如此相近，这是令人惊异的。它们在同一时期表现了同一种死后成仙的幻想性题旨，不能不说具有一种时代的普遍意义。

西汉中、晚期的帛画资料至今尚未被发现，而这一死后成仙的幻想性题旨却在该时期的大量墓室壁画中得到了承接和延续。西汉中、晚期的墓室壁画主要发现于河南、山西一带。河南洛阳出土有：卜千秋墓壁画，老城西北西汉墓壁画，金谷园汉墓壁画，八里台汉墓壁画等。山西出土有平陆枣园村汉墓壁画等。这些壁画无一例外地都承袭了西汉前期帛画的升天成仙题旨，其中尤以年代最早的卜千秋墓壁画为典型。

卜千秋墓壁画（016）分别画在墓门内的上额、墓室内的后壁和顶脊上。长卷自东而西依次为：彩云，人身蛇首的女娲，内含桂树和蟾蜍的满月，手持节杖、身披羽衣的方士，交缠奔驰的双龙，身似羊又有枭翅的枭羊，鹰头凤尾、展翅飞翔的朱雀，昂首翘尾、奔跑呼啸的白虎，头缩

016　河南卜千秋墓壁画摹本（局部）

其内容由后向前依次为驱邪、上天和升仙。墓室顶脊一带是由20块砖构成的长卷式画面，全长达451厘米，为整个壁画的主要部分。

双髻、面向墓主、拱手跪迎的仙女。接下来便是乘三头鸟、捧三足乌、闭目飞升的女主人和乘蛇持弓闭目飞升的男主人卜千秋，二人画像处于整幅壁画的中央位置。再向西，又有奔犬，蟾蜍，人身蛇尾戴冠的伏羲（与东面人身蛇尾的女娲遥相对应），朱轮内飞着金乌的太阳，最后是蛇首双耳双鳍的黄蛇。墓门内上额画着人首鸟身立于山顶、呈展翅欲飞之状的仙人王子乔，墓后壁上部正中绘有猪首人形怪

物——驱邪打鬼的"方相氏"。无疑，全部奇谲斑斓的壁画展示的正是一幅夫妇死后升仙图。

　　值得注意的是，洛阳老城西北的西汉晚期壁画墓，其内容除了也有乘龙升仙的普遍题旨外，还增加了"二桃杀三士"和"鸿门宴"两则历史故事画。这意味着，汉代壁画在西汉末开始呈现出由虚幻的驱邪升仙主题向现实的人间生活旨趣转化的趋势。这一趋势在东汉时代的墓室壁画中得到了充分的展示和张扬。一种人间化、生活化、世俗化的审美文化题旨逐渐成为东汉绘画的主流。

就现有资料看，东汉壁画较有代表性的是辽宁营城子汉墓壁画、山东梁山汉墓壁画、河北望都汉墓壁画、河北安平汉墓壁画、河南密县打虎亭汉墓壁画、内蒙和林格尔汉墓壁画等。辽宁营城子汉墓壁画，属东汉早期作品，虽仍有"升仙"内容，但题旨已较为散乱，不够集中和突出了。山东梁山出土的东汉初期墓室壁画则开始以现实内容为主了。特别在河北望都的东汉墓壁画那里，审美题旨已向现实化迈了一大步，其突出特点是以描画墓主人及其诸多亲近属官为主。有职掌守卫的"寺门卒"和"门亭长"，有职掌刑狱的"仁恕掾"，有缉拿盗贼的"贼曹"，有负责敲鼓的"捶鼓掾"，有办理庶事的"门下吏"，有维持治安的"门下贼曹"，有掌管赏罚的"门下功曹"，还有主管文书簿册、代主人拟稿的"主簿"与"主记史"等等。所有这些亲近属官，都以职位之大小和职掌之不同而别其衣冠和姿态，但显然，他们的存在又是为墓主人的"出场"作陪衬和铺垫的，所以，他们又大都面朝里向，拱手躬腰作朝见主人状。这种设计就较为含蓄地渲染和突出了主人生前的荣华与尊贵，也鲜明地表达了一种世俗性旨趣。不过，该壁画所绘的现实人物大都是零散的肖像画，缺乏一种连贯统一的整体构思。

河北安平汉墓壁画（彩图11）也画了不少人物，都围绕着墓主人的出行而形成了一种整体性联系。"中室的壁画是在四壁上画着墓主人的出行情况。上下共有四层，每一层均有大量车骑伍伯（武官）、辟车（文官）之类的导从和一个主车。在这四层的主车中，以最下层的主车的官职最大，此人即是该墓的主人。"[5] 显然，这幅壁画的主旨也在炫耀主人生前的权势风光，其旨趣的世俗化色彩更浓了。

在充溢着尘世化意味的东汉墓葬壁画中，最有代表性的是内蒙古和林格尔出土的东汉晚期墓室壁画。该壁画可称为墓主人的一幅"传记画"，其对生前功业、尘世幸福的自叙、自赏、自炫、自乐的意味是不言而喻的。它重在展示墓主人的一生经历，着意突出墓主人从"举孝廉"、为"郎"，到出任"两河长史""行上郡属国都尉""繁阳令"而止于"使持节护乌桓校尉"的一系列仕途生活情景，是一幅由墓道、墓门、前

室、中室、后室及三个耳室组成的共计五十多组
彩画的大型墓葬壁画。整个画面内容围绕墓主经
历而展开，有墓主任官期间所经府县的市景城
貌，有墓主升迁出行的庞大车骑队列，有观鱼、
饮宴、赏戏、迎宾、庖厨等场面，有幕府、门
廊、谷仓、弩库等建筑及其中的人物活动，有农
耕、蚕桑、渔猎、放牧等庄园劳作场景。和林格
尔汉墓壁画在表现从仙界返回人间的审美旨趣方
面达到了高峰，成为东汉壁画的典范之作。

　　在东汉墓室壁画中，"升仙"题旨不仅日渐
"退场"，而且即使偶尔有之，其意义也已发生很
大变化，它原来那种超离人间、引魂升天的意思
已不明显，更多的时候它是在人间生活的世俗氛
围中存在和表现的，这或可解为"成仙即在尘世
间"吧。其实这正符合中国人的文化心态和人生
理想。脱俗成仙的幻想在中国历史上不时有之，
但大都"难成正果"，最终都要回到"彼岸不离
此岸""超世不离世间"这一基本思路上来，回
到"道不离器"或"天堂即在人间"这一中心观
念上来。这是中华民族一种源远流长的文化理
想、人生哲学和审美传统。汉代绘画的审美文化

旨趣从"天上"向"地上"、从"仙界"向"人间"的转换，从根本上说正是这种文化理想、人生哲学和审美传统的深刻体现。这也从一个侧面构成了东汉时代审美文化偏于"崇实"趣尚的一大内涵。

雕塑寓意：
走近凡俗和生动

无论在规模、品种上，还是在技巧、寓意上，东汉时期的雕塑（主要是与墓葬有关的雕塑），都比西汉有了明显的发展。

东汉雕塑有石阙、石柱、石像（包括石人与石兽）、陶塑、铜塑、木雕、墓室建筑雕刻等多种门类，有的是在西汉基础上的扩展，有的则基本是新创的。我们这里拟从石刻、陶俑、铜俑三个主要种类入手，谈谈东汉雕塑在"寓意"方面的基本审美特征。

石刻 这里所讲石刻，即石料镌刻造像，重点是石阙与石像。

就"阙"本身说，自古有之。古代宫室大门之前都有一种称作"阙"的建筑，也叫"观"，又称"象巍"。《广雅·释宫》说："象巍，阙也。""巍"是形容这种建筑之高。"象巍"是因"悬治象之法"而得名。这就是官府门前张贴布告和法令的地方，而说它又叫"观"，是因"阙"既有利于别人弄清立阙主人的身份地位，又可登高守望以做警戒之用。晋崔豹《古今注》说："阙，观也。古者每门树两观于其前，所以标表宫门也。其上可居，登之可远观，故谓之观。"

到汉代，阙基本上是用来显示立阙主人身份地位的一种标识。《水经注·穀水》引《白虎通》说："门者必有阙者何？阙者，所以饰门，别尊卑也。"先秦曾以阙之多少区别天子和诸侯的等级，汉代则以阙的结构来做区别等级的标志。当时阙有单阙、二出阙、三出阙之分。单阙是只有正阙，而无子阙，二出阙由一正阙和一子阙组成，三出阙由一正阙和二子阙组成。一般官僚用一对单阙，太守以上二千石俸禄的大官用一对二出阙，皇帝则专用三出阙。这个等级定制十分严格，绝对不得僭越。

汉人大兴厚葬，讲究"事死如事生"，所以跟宫室门前一样，墓室门前也要立阙。这在东汉尤甚。现存完整的石阙，大都为东汉墓前石阙。最早的是山东平邑县的皇圣卿阙（建于 86 年），最迟的是今四川雅安县的高颐阙（建于 209 年）。这些墓前石阙都呈仿木结构的高楼式样，其具体形状特征不妨以保存最完整、最精美的高颐阙西阙为例说明之。

现存四川雅安县城东 15 里桥村外的**高颐阙**（017），东西二阙相距 13.6 米，东阙仅存阙身，清代曾修复顶盖。西阙总高 6 米，母阙身宽 1.6 米，厚 0.9 米，子阙身高 3.39 米，身宽 1.1 米，厚 0.5 米。西阙为重檐顶，由五层石块垒成，逐渐向外挑出，上部面宽 1.94 米，下部面宽 3.81 米，出檐 0.6 米。屋顶雕刻成屋脊、瓦垅状，脊正中刻有雄鹰，口衔绶。阙身和阙顶还雕刻着车马出行、人物故事、神禽异兽等形象，"以昭四方"。

可以看出，高颐西阙是雄伟高大的。它与后面的墓碑相距 163 米，与碑后的坟墓相距更远，形成了相对的独立感，因而更显出高耸凌空之

017 高颐阙正
面图（东汉，四
川雅安）

势。它的阙顶比阙身出檐0.6米，不仅突出了一
种飞动之美，而且也使整阙形象显得舒张有致，
不落呆板。这种造型让人感到巍然庄重又不失生
动美观。不过，隐含在这种造型和气势中的还有
更深层的意味，那就是对墓主人生前为官之高贵
和尊荣的一种显扬。所以说，在形式背后仍是一

种很功利的观念，在雄伟高大的造型里凝结的是对功名利禄一类世俗价值的执著与渴念。这或许可以解释，这些如此高大雄伟、威严庄重的石阙，何以会不让人感到悚然生畏，反而感到生动可观了，因为人间的、世俗的东西总是与人相亲相通的。

据现有资料，墓前神道上陈列有石人和石兽的造像，是从东汉开始的。所以，石像比石阙似更代表东汉人的审美文化趣尚。

东汉石像有两个主要特点：一是其出现与当时盛行的上陵墓祭祀的礼俗有关（此前都是上宗庙祭祀），为此，豪强大族纷纷在墓地上建祠堂或祠庙，石刻造像也随之兴起。二是墓地石刻造像往往成对布置在墓前大道两旁。这墓前大道叫"神道"，也叫"隧道"。《水经注·汲水》记东汉熹平年间某君"隧前有狮子、天鹿"，《水经注·阴沟水》说"光武隧道所表象马"等等，都是讲的在墓前大道两旁树立石狮、石天鹿或石象、石马的事情。

墓前石人造像多为官吏士卒，显然属于墓主警卫和侍从性质。目前可见的东汉石人仅有几例，如山东曲阜孔庙汉石人亭内的二尊石人，早已名重于世。此二石人原为乐安太守鲁王墓前的石人，后移于此。其胸腹间有铭刻，一为"汉故乐安太守麃君亭长"10字，为墓前侍者，一为"府门之卒"4字，显为墓前护卫。皆戴冠，穿交领宽袖长袍，双手拱于胸前。做侍者的石人，高254厘米，腰间佩剑，谦恭壮硕；而做护卫的石人，高230厘米，双手持枪，仪表威肃。其他地方如山东邹县东汉匡衡墓前、河南登封中岳庙前等，都发现有石人造像。总起来看，这些石人雕刻都比较粗略简单，形象朴拙凝重，恭谨呆板。

墓前石兽像比石人像则精美生动得多。石兽像有两类：一类为狮、虎、牛、羊、马、象、骆驼等动物；一类是"辟邪""天禄"等神物。石兽像的功能是用来驱除邪怪和象征吉祥。《风俗通》说：

> 墓上树柏，路头石虎。《周礼》："方相氏葬日入圹，驱魍象。"魍象好食亡者肝脑，人家不能常令方相立于墓侧以禁御之，而魍象畏虎与柏，故墓前立虎与柏。[6]

这就告诉我们，墓地种柏树，立石虎，就是为了防御鬼怪来侵扰墓主。"魍象"是古代传说中的一种害人鬼怪。《周礼·夏官·方相氏》载：方相氏"蒙熊皮，黄金四目，玄衣朱裳，执戈扬盾……入圹，以戈击四隅，驱方良"。古人认为，死人下葬时，应让蒙着熊皮的"方相氏"来墓中驱逐"方良"（即"魍象""魍魉"）。但死者埋葬后，总不能让"方相氏"老守在坟墓边上驱逐方良，于是就种上柏树，立上石兽来代替方相氏，因为鬼怪们也是怕柏树和野兽的。

值得注意的是被称作"辟邪"和"天禄"的神兽石像。这类石像在造型上综合了几种野兽，诸如狮、虎、熊、鹿的特征，而且还肩有羽翼，头有双角，有的则是独角，还有的无角。一般认为长双角的叫天禄，长单角的叫麒麟，无角的则叫辟邪。这种有翼猛兽石像有的几近于狮，如陕西咸阳西郊出土的**石刻双狮**（彩图12）。而大部分则既似狮、虎又不似狮、虎，其情态都作缓步行进状，头小颈长，昂首挺胸，张口吐舌，若露利齿，颔须长垂至胸前，柱状尾巴呈弧线支撑地面，多数两肋长翼，有的头长独角或双角，身长皆在两米左右。其中比较著名的有河南洛阳涧西出土的一对石刻神兽，河南南阳宗资墓前的天禄、辟邪，四川雅安高颐墓前的辟邪，等等。

这些石兽有时候也被统称为麒麟，而"麒麟"二字偏旁为鹿，说明麒麟神兽与鹿有直接关系。实际上，"天禄"即为"天鹿"。鹿为什么会自东汉以来成为一种神兽呢？有学者指出，这是因为"鹿"与"禄"同音。此说有一定道理，较合汉代，尤其是东汉风尚。"禄"有一义，即俸禄。有俸禄，即意味着做官，所谓高官厚禄之谓也。在官本位的中国文化中，"禄"这层含义也是很重要的。总而言之，以"鹿"为神兽，以"天禄"为吉祥物，其实反映的是一种很实际、很凡俗的幸福观、人生观。高官厚禄，荣华富贵，这就是中国人心目中的福气。"天禄"石兽的设置，即为这种福气的一种炫扬。东汉之际遍立"天禄"石像（其实"辟邪"与"天禄"也无多大区别）正显露了该时代偏于"崇实"的审美文化趣尚。

神兽石像给人的审美感受也说明了这一点。即以四川雅安高颐墓前石辟邪为例，其昂首、举颈、张口、挺胸、耸臀、振翼、浑身绷满力量，迈腿欲向前行的形象，显出一种雄劲勇猛、极富威严的阳刚之美。与此同时，它并不令人生畏，也不冷漠神秘，它的威猛之态更多的是指向邪怪而非指向人间的。实际上它给人一种亲切感，而这种亲切感与其内涵上的通于人间、归于凡俗正有着一种极为内在的关系。

陶俑　在东汉墓葬艺术中，陶俑无论在数量上，还是在题材范围、地区分布、制作质量、艺术水平等方面，都是西汉陶俑所难以望其项背的，而且其最大、最突出的特点，就是一改西汉陶俑那种以威严壮观的送葬军阵和刚武勇猛的兵卒将士为主的造型模式，变为以塑造体态较小、活泼生动的家内舞乐侍仆俑以及家养禽畜俑为基调和主流。

东汉陶俑的选材几乎涉及家居生活的所有方面，如庖厨、扛粮、执帚、执箕、执瓶、执镜、哺婴、背娃、献食、提鞋、提水、跽坐、抚琴、吹箫、击鼓、说唱、歌舞、对弈、杂技、百戏等，也包括劳动生活的许多方面，如执锸、背篓、杵舂、扶锄、种田等。另外还有大量家禽家畜俑，如狗、**猪**（018）、鸡等。还出现了与人、

018 陶猪
（东汉末年，河南辉县）

019 陶井
（东汉，陕西西安出土）

畜陶俑所体现的庄园生活密切相关的楼榭、坞堡、住宅、风车、猪圈、**井**（019）、船等模型。这一切都说明东汉陶俑（塑）在题材内容上更趋生活化、家居化和世俗化。这里几乎不存在什么神秘的意象和虚幻的气氛，所有的东西都是很实在、很通俗、很明朗的，都是与平凡感性的生产、生活息息相关的。从这里我们感受到的是浓郁的庄园情调和人间气息。

在这一方面，四川出土的陶俑最具代表性。它们不仅生活气息浓郁，如成群的男女侍仆，众多的短衣赤足农夫形象等，而且其玩赏性、谐趣性、娱乐性功能尤为强烈。它表现在，一是出土的观赏俑、击鼓俑、舞蹈俑、说唱俑、吹箫俑、抚琴俑、伎乐俑等数量尤多；二是几乎所有俑的面部表情，都不再像西汉时那样双唇紧闭，庄重肃穆，而是在嘴角、眼角处流溢着微笑，泛动着欢欣明快的神采。最典型、也最著名的便是"击鼓说书俑"。如，1957年成都天回山出土的**击鼓说书俑**（彩图13）。1963年郫县出土的**击鼓说书俑**（020）。可以说，这类"说书陶俑"逗人笑乐的滑稽造型（其原型是古代以乐舞戏谑为业的俳

高 66.5 厘米，立姿，左手执鼓，右手
执棒，头戴圆帽，缩颈歪头，撇嘴斜
目，弓腰突臀，故作怪状，然说唱之
态，神采飞扬，如闻其声，令人捧腹。

020 击鼓说书俑
（东汉，四川郫县）

优），以及他们所表现出来的乐天情怀、幽默神
采和快活心境，不仅是四川陶俑之特色的代表，
而且也是整个东汉陶俑之诙谐化、情趣化、玩赏
化、娱乐化审美特征的极致表现。

总之，庄园的题材、平凡的人物、通俗的场
景、现实的情境、活泼的氛围、日常的意趣、玩
赏的心态、享乐的功用等，这一切都成为东汉陶

俑最具个性最有魅力的地方。

铜俑 青铜雕塑在中国历史悠久，据说夏禹时代已开始"铸鼎象物，百物而为之备，使民知神奸"（《左传·宣公三年》）了。但总体而言，先秦时代较为发达的青铜工艺器物，更多地偏重于宗教的、祭祀的、生活的实用价值，其审美价值也多限于工艺方面。

汉代青铜器物的一个重要变化，就是在工艺水平和格调大为提高的同时，其审美价值更多地转向了雕塑之美，其主要标志便是具有极高艺术品位的铜俑的大量出现。

1968年河北满城陵山窦绾墓（西汉）出土的**青铜长信宫灯**（彩图14）就比较典型。造型细腻清晰，精美生动，是一件罕见的艺术珍品。从功能上说，它既是一件日常实用器物，也是一件具有装饰和观赏价值的贵族奢侈物。它的出现，反映了汉代官宦豪族生活的奢华，也意味着一种世俗化、家居化的墓葬文化观念正在形成。

汉代青铜雕塑尤以东汉铜俑为代表，其主要标志是比例更准确，制作更细腻，造型更精美，神情更生动。这一点集中地体现在铜马形象的塑造上。这时期的墓葬铜马在贵州的兴义和兴仁两县、四川的郫县和敦义、甘肃的武威雷台等地均有发现。同西汉的马塑形象比起来，它们都明显地呈现出体短、腿长而细的特征，其矫健骁勇的阳刚之姿犹存，但那种高大威武、庄重沉雄之气象已不那么鲜明突出，更多的是一种俊美飘逸、灵活生动之神采，一种活力洋溢、奔放自由之韵致。

其中最令人叹为观止的作品，还是1969年出土的甘肃武威雷台东汉末年的墓葬铜奔马（彩图15）。这里的独具匠心之处，是为了表现马的飞奔之态、腾飞之势，设计了一只飞鸟做衬托，显得马的神速之快已超过飞鸟，从而愈加强化了奔马的意趣。不过，该作品人们常冠以"马踏飞燕""马踏燕隼""马踏龙雀""马踏乌鸦"等名，实际上都不太准确。该铜俑还有一个不太有名的称呼叫"马超龙雀"，应是比较恰切的。一个"超"字，突出了奔马的神速，说出了奔马的气势，可谓绝妙。因为一般说来，鸟飞起来总比马快，但此马却快得超过飞鸟，岂不是如同电闪雷光一般的迅疾！更重要的是，"马踏飞燕"一说着重的是一种征服性主题，但我们知道，这种真正属于西汉前、中期的审美文化主题，在东汉已逐渐淡出，而世俗的、日常的、玩赏的、享乐的文化趣尚则成东汉审美主流。放在这样的背景下看，"马超龙雀"（或叫"马超飞燕"）的名称，虽不能说与征服性主题绝然无干，但它更强调的明显是奔马造像本身的英姿、神采、动感和情趣，更讲究的是一种偏于直观形式的、更具玩赏价值的审美意味，因而似更合乎该铜马塑造者的本意，当然在本质的层面上也更符合东汉时代的审美文化趣尚。不过从约定俗成的角度，本书还是沿用了"马踏飞燕"的说法。

东汉时代的雕塑艺术，从整体而言是走向凡俗和生动的艺术。所谓走向凡俗，是从审美文化内蕴上讲的，即从重大的、政治化的理性主题走向平凡的、世俗化的感性情趣；所谓走向生动，则是从审美文化形态上讲的，即从一种宏伟雄大、深沉凝重之美走向一种刚健俊逸、生意灵动之美。这后一种美仍是一种壮美，但比前者的"大美"多了些亲切的、自由的韵味，因而透露出向优美发展的某种端倪。

画像艺术：

从幻想到现实

画像石、画像砖，是真正属于汉代的审美奇观和艺术奇迹，也是中国审美文化史上一枝瑰丽夺目的奇葩。

从时间阈限上说，画像砖稍早于画像石。但画像砖最早也不过出现于秦代，至西汉才有了一定发展，而其鼎盛则在东汉，东汉后又延续至十六国和南朝时期。而画像石则兴于西汉末，盛于东汉，东汉后不再流行。所以，画像石与画像砖共同的鼎盛期都在东汉。

从具体制作方式说，画像石与画像砖是不同的。画像石可称作"雕刻出来的画"，即先由画师在打制好的石板平面上绘出线勾的图画底稿，然后由石工按画稿加以雕镂刻画，最后还要由画工再加彩绘。而画像砖则是先在木制模具上刻出图画印模，然后模印在砖坯上，再入窑烧制而成。所以，画像石通常可在一整块石面上雕绘出较为复杂而统一的画面，而画像砖则小于画像石，一般一块砖模印一图，画面单纯整一，内容因砖而异。

但这个不同并不十分重要。重要的是二者所传达的审美文化题旨、意蕴、观念、趣尚等并没有大的区别。换句话说,画像石、画像砖的不同主要表现在媒介材料、表现手段等形式上,而在内容上二者是大同小异的。所以,我们在这里拟将二者予以统一考察和描述(为方便起见,将二者统称"画像艺术")。

盛行于东汉的画像艺术,其基本题旨主要有二:一为幻想性题材,主要呈现为神活、仙异、祥瑞等形象;一为现实性旨趣,主要表现为对现实中墓主经历和生活图景的刻画。不过更详细地说,还有另一种题旨,那就是对历史人物故事的雕绘。但这一历史性题旨,一方面总体上是从属于现实内容的,是为伦理教化的现实目的服务的,因而可以视其为现实性旨趣的一个特殊表现形式;另一方面,它在汉画像艺术中的分布也远不如"幻想"与"现实"两大题旨更为广泛和普遍。它主要集中在山东出土的画像石中,而在河南、四川、苏北等地出土的画像石、画像砖中只占极小的比重,而在陕北、西南等地出土的画像艺术中则几乎是看不到的。

从横向的共时态的角度看,汉画像艺术中的现实性内容要远大于幻想性题旨。比如在幻想性题旨最为突出的河南南阳东汉中期画像石中，一方面，神话、仙怪、祥瑞、星宿之类形象的表现可以说达到了淋漓尽致的地步，远非山东、四川等地画像作品能比。如白虎、苍龙、朱雀、玄武这"四神"形象，"羲和捧日""常羲捧月""嫦娥奔月"、**伏羲女娲**（021）、"东王公西王母""应龙仙人""桃拔朱雀""神荼郁垒""飞廉穷奇""大傩逐疫""辟鬼象人""后羿射日""仙人乘鹿车"等神话、仙异故事刻画，都可谓悉数皆备，应有尽有。另一方面，现实生活题旨仍然是主要的，其画像砖就"以一种高浮雕的形

021　伏羲女娲（东汉，河南南阳）

伏羲、女娲皆人首蛇首，头梳发髻，身着襦服，合抱一株芝草，相向交尾而立。

式描写了更多的现实生活题材",甚至如有人所说,它"以汉代客观现实生活为题材的作品,反映了汉代画像砖艺术的现实主义精神"[7],而这种现实生活题材,也是"南阳画像石中的主要题材"[8]。这个现实生活题材在东汉中期极盛的南阳画像石中主要包括以下内容:舞乐百戏,狩猎骑射与出行,宴飨、拜谒等家居生活。另外还有讲学、蹴张武士、各色门吏等人物与活动刻石。不难发现,在神话、仙异等幻想性内容最多的南阳画像艺术里,现实生活尚且为"主要题材",那么在其他地方的画像艺术中就更不用说了。事实上,除南阳外,无论在山东,还是在四川,抑或在苏北、皖北、鄂北、陕北、西南等地,都无一不将现实生活作为最主要、最显明的雕画对象和表现内容。

在山东画像石中,特别在具有代表性的孝堂山郭氏祠、嘉祥武氏祠、沂南汉墓等地的画像石中,画面内容一般分三部分:一为神话,二为历史故事,三为现实生活。但这三部分并不是平分均等的,其中现实的世俗生活画面是居主导地位的,它要么像在孝堂山郭氏祠中那样是"最多的和最重要的部分"，要么像在**嘉祥武氏祠**（022）中那样，将"表现（墓）主人养尊处优的楼阁、宴饮画像，都刻在祠堂的中心后壁中央位置"，从而"在整个祠堂建筑内确立了主人的地位"，要么像沂南东汉墓的画像布局那样，在前、中、后三室中，"中室画像是墓主人生前的生活图景"，亦即将现实生活内容置于画像中心地位[9]。

苏北地区，特别是徐州（即汉彭城）的汉画像石，与山东画像石在时间前后上差不多。但徐州毕竟是汉高祖刘邦的家乡，两汉四百年间，这里共有楚王、彭城王十八代，因而其画像受楚风

022　山东嘉祥武氏祠汉画像石（楼阁燕居图）

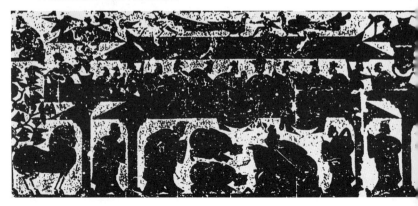

影响甚重。这种影响表现在两方面：一方面是
画像风格比山东的自由活泼些，另一方面便是留
有"楚人信巫鬼，重淫祀"传统的浓重痕迹，仙
人神山、乘龙骑虎、天文星像、避害驱邪之类光
怪陆离的诡谲之像充斥画面。这与南阳地区画像
石又较接近。不过从总体上说，徐州画像石与山
东南部一些地区（如沂南、嘉祥等地）的画像石
更为相似，只是"内容上那些为儒教作宣传的历
史故事较少而又多了些生产活动的题材"[10]。所
以，从比重上看，它的幻想性内容虽较多，但仍
不及现实性内容更丰富，更突出。在这里，我们
不仅可以见到大量的燕居宴饮图、楼阁宅院图、
近侍庖厨图、车马出行图、比武博弈图、歌舞百
戏图、迎宾拜谒图等常见的世俗生活画面，而且
还有人仙对博这种幻想与现实交融的图景。这种
比较新鲜的图景，实际上反映的正是一种仙界世
俗化、幻想现实化的趋向。同时，值得注意的
是，徐州画像石还表现了好多生产劳作、缉盗军
事等现实场景，这是比山东、河南的画像艺术
更见独特的地方，如纺织图、庖厨图、牛耕图、
"缉盗荣归"图等等。其中**纺织图**（023）生动地

023　纺织图（江苏铜山出土汉画像石）

反映出寻常人家"女修织泽"的情景。画面上刻
了四位妇人，有的纺线，有的织布，坐在织机上
的妇女正转身接抱递来的婴儿，充满劳动情趣和
生活气息。而**牛耕图**（024）则表现了"男务耕
种"的情景。图中一人呵牛耕田，儿童随塍播
种，田边停着装满肥料的大车，车旁憩息一犬，
田间一人箪食壶浆给家人送饭。画面犹如《诗

024 牛耕图（江苏睢宁出土汉画像石）

经》所言，"同我妇子，馌彼南亩"，称得上一幅
优美的田园生活风俗图。

从纵向的历时态的角度看，汉画像艺术呈现
出一种幻想性内容逐步"退场"，而现实性题旨
渐成主流的演变趋势。

汉代是一个楚风北上的时代，随着时间的推
移，这种楚风北上也呈由强转弱之势。这一趋势也
可理解为北方文化（主要是黄河流域文化）逐步取
得其主导地位的过程。从审美文化内涵上讲，这也
是神异幻想因素由强变弱，而人伦现实主旨渐呈主
流的过程。在绘画（壁画）旨趣的演化中，我们已
清晰地看到了这一历史图景，而在画像艺术中，这

一历史图景也同样清晰地展现在我们眼前。

　　河南南阳画像艺术以其浓烈的荆楚文化色彩反映着汉画像艺术的较早形态。事实上，从时间上看，南阳画像艺术的鼎盛期是东汉中期，至东汉晚期已见衰退，而山东、四川等地的画像艺术则以中晚期为最多。所以把南阳画像艺术视为一种较早的形态当不过谬。

　　徐州地区（汉彭城）的画像艺术则在历史顺序上稍居于南阳之后。这不仅因为它最兴盛的阶段是在东汉晚期的顺帝至献帝时期（约126—220），晚于南阳地区，而且在审美文化旨趣上也介于南阳和山东之间，既作为楚国故都，具有较多的南方楚文化气息，同时又与鲁南一些地区同属一个"徐州刺史郡"，在政治、经济、文化上与山东联系更为密切，因而受到北方儒家文化的强烈影响。动态地看，这种楚风儒韵的综合形式也是汉代审美文化由南向北、由偏重幻想向偏重现实转化过渡的一种征兆。前面曾谈到的徐州**仙人对搏**（025）的画像，在很大意义上可以视为这一过渡转化势态的一种象征。

025 仙人对搏（江苏铜山台上出土汉画像石）

山东的画像艺术在"逻辑"上可以认为稍后于徐州，虽然从时间上看二者大体是同时的。这是因为，在山东画像石所着意表现的幻想、历史和现实三大题旨中，其幻想性色彩相对来说要淡得多，而历史与现实的旨趣则极为突出，所以，山东画像艺术的世间性、伦理性、风俗性主题更代表了东汉审美文化的一种历史指向。

然而，真正揭橥着这一历史指向的时代性终

点的是四川画像艺术。

　　首先，四川画像艺术的重点在画像砖，而画像砖"均系东汉后期和蜀汉时期的作品"〔11〕。显然，它在时间上是居后于汉代其他地区的画像艺术的。其次，四川画像艺术突破了中原地区传统的内容模式，在更广泛的社会生活领域再现了丰富多彩的人间现实情景。特别是画像砖，它的"一个突出的表现就是几乎百分之九十是反映现实生活的题材"。而"汉代流行的神话迷信题材"，"也不过占总数量的百分之十左右"〔12〕。这说明，汉画像艺术由偏于幻想性内容向偏于现实性旨趣的演化至此已基本到位。

　　四川画像砖在表现现实性旨趣的广度和深度上最值得一提的，是它除了反映豪强地主的车马出行、骑从属吏、拜谒待客、家居宴饮、歌舞百戏、六博杂技、庭院建筑等常见的题材内容外，还出现了授经、考绩、贿赂及甲第举士等举选活动场景，同时也出现了诸如播种、育秧、收割、采桑、采莲、田猎、行筏、酿酒、井盐等大量生产劳作图画。这种极为独特的画面，可以说已将东汉画像艺术的现实性旨趣的表达推向了极致。

026 弋射收获画像砖（东汉，四川大邑）

画面分上下两层，上层为渔猎场面，满湖是摇曳盛开的荷花莲藕，水中是肥大的游鱼。岸边林木葱茏，有二人正弯弓搭箭，瞄准天上飞过的惊鸿大雁。下层是田间收割场面，前面二人在挥镰割稻，后面三人捡拾捆扎，最后有一人手提食具，肩挑稻捆，显然是送饭到田后又将捆好的稻子挑回。

弋射收获画像砖（026）就是一件颇为生动有趣的作品。该画面虽分两层，但却有机完整地展示了农忙收获季节紧张兴奋的劳作情景。

特别需要指出的是，在审美情调和艺术风格上，四川画像艺术同中原地区的相比已有所转变。它既不同于南阳地区的泼辣舒展，狂放瑰丽，也不似苏北、山东的古拙浑厚，雄劲严整，而是在古朴奔放、雄健浑厚之中又显得精巧、秀丽、圆润、灵动，颇具刚柔相济、粗细有致的韵趣。如四川画像艺术总体看仍具汉代的壮美之风，但新津等地的石棺画像却给人明显的新异之感，其人物造型修长、细腻，其审美风味俊逸、空灵，与魏晋人物已有明显的承启关系。这种新变化、新动向，与前述四川画像艺术在现实化旨趣的发挥上已臻极致的现象联系起来，就意味着汉画像艺术至此已达最后阶段和终结形态。四川画像艺术已成为造型艺术风格从两汉向魏晋过渡转化的中介环节。

〔 1 〕 《国史大纲》上册，第 187 页。

〔 2 〕 参见《中国大百科全书·考古学》"汉代玉器""玉衣"等条目，1986
年版。

〔 3 〕 关于陶、瓷器物门类变化，参见《中国陶瓷》，冯先铭主编，上海古籍
出版社，1994 年版。

〔 4 〕 《中国绘画史》第 16 页，上海人民美术出版社，1983 年版。

〔 5 〕 《安平彩色壁画汉墓》，《光明日报》1972 年 6 月 22 日。

〔 6 〕 封演：《封氏闻见记》卷六引，见赵贞信《封氏闻见记校注》第 59 页，
中华书局，2005 年版。

〔 7 〕 李浴《中国美术史纲》上卷，第 311 页，辽宁美术出版社，1984 年版。

〔 8 〕 《中国美术史纲》，第 317 页。

〔 9 〕 李浴《中国美术史纲》上卷，第 342、344、350 页。

〔10〕 李浴《中国美术史纲》上卷，第 357 页。

〔11〕 冯汉骥《四川的画像砖墓及画像砖》，《文物》1961 年第 11 期。

〔12〕 李浴《中国美术史纲》上卷，第 330 页。

2 「缘事而发」
艺术写实与伦理功用的「合谋」

　　东汉时代的"崇实"趣尚，作为一种多层面、复调式意义系统，它既指一种非虚幻、非宗教的世俗之"实"、现实之"实"，也指一种艺术趣味、美学风格上的"写实"。

　　在谈汉大赋时我们曾指出，大赋创作就是偏于认知的、写实的。但那时的写实还浸润在一种"专为广大之言"的想象与激情之中，所以尚不十分鲜明和突出。但时至东汉，在整个时代"崇实"趣尚的导引下，这种西汉即显端倪的写实趣味便崛然凸现出来，成为一种主流性的艺术取向。

造型艺术的写实品格　所谓写实，即要求艺术客观真实地摹写对象，再现现实。它追求的审美目标，就是美和真的统一，或通俗地说，就是"像真的一样"。按照这个原则，我们就会马上想到刚刚讨论过的东汉墓葬艺术，特别是其中的造型艺术，它在讲究世俗化、人间化、现实化题旨时，实际上也同时贯彻了一种写实美学精神，一种"像真的一样"的审美原则。因为要讲孝道，就得"事死如事生"，而要"事死如事生"，就得"以生者饰死者"，就得"大象其生以送其死"，这样就必须将死者所"居住"的墓室布置成一种拟世间的环境，而且要布置得"像真的一样"。于是便有了"其貌象室屋"的墓室构造样式,有了罐、钵、碗、杯之类日用性陶瓷明器,有了将墓主生前所见所历所忆所乐的种种现实场景摹拟、再现出来的墓葬壁画和画像石、画像砖。总之,又"还"给了墓主一个"像真的一样"的仿人间、仿现实场所和氛围;而保证完成这一切的,正是一种偏于写实的美学趣味。这其中,尤以绘画艺术和画像艺术为代表。

西汉帛画、壁画总体上以"升仙"为主题,故其艺术上追求线描勾勒的粗犷奔放、结构布局的主观夸张,以及造型意象的谲诡奇异,都带有人们常爱说的那种所谓浪漫主义色彩。但正如我们已论述过的,这并不是真正的浪漫主义。一方面,"升仙"主题作为秦汉之际神仙信仰的中心观念,本质上并不是追求对感性人生的否定和超越。恰恰相反,它在幻想的形式中追求的正是突破生死大限,达到长生不死或者虽死犹生,以便可以逍遥自在、无拘无限地享乐人生。在这个意义上,所谓的仙界与现实人间并不是截然两分的。西汉晚期至东汉绘画出现了仙界与人间浑融、仙人与俗人共存,以至于仙界向人间返归与转换的走向，正是"升仙"主题这一根本内涵的必然发展趋势。此外，这些以"升仙"为题旨的绘画，在艺术形象的细节描绘上仍是讲究严谨写实的。如长沙马王堆帛画，"仅以墓主老妇的形象而论，把它和死者尚未腐烂的尸体相对照，可以看出它正是死者的写真"[1]。这一点与汉大赋在激情想象中贯穿着认知、写实的特点是一致的。

东汉壁画的这一写实特点愈加突出。比如辽阳棒台子屯一号后汉墓壁画，其对现实形象的写实性描绘已达到生动纯熟的水平。对此，美术史家李浴以主室门两旁的守门老卒和门犬为例做了描述：门犬细身长颈挺胸蹲坐，颈上系一红绳，张口而吠，神气如生；大侧面的老门卒，目光炯炯，须髯飘飞，轮廓准确，线条飘逸，显示了画工的高度写实能力。[2]应该说这个描述是准确精到的。

主要兴盛于东汉的画像艺术，在写实方面更见自觉。无论是粗犷奔放、"略予夸张"的南阳画像石，还是山东如嘉祥武氏祠的石刻画像艺术，再抑或是四川画像砖，都无一不融贯着一种以再现为风，以写实为趣的美学追求，尤其是四川画像砖艺术，更是表现出了一种自觉的写实主义风格。这从我们前面已作过的描述中是不难领略到的。可以认定，写实，确实是东汉画像艺术所刻意讲究的主导趣味和审美品格。

需要指出的是，同美术创作活动相对应，汉代的绘画美学思想也基本上是日益强调写实的。西汉前期《淮南子·说林训》中讲："画者，谨毛而失貌。"高诱注曰："谨悉微毛，留意于小，则失其大貌。"实际上，"大貌"也是貌，《淮南子》所言，仍是偏于形似的原则。汉元帝时的画工则讲究"人形丑好老少必得其真"〔3〕。这个"其真"，显然是偏于形似方面了，而到东汉张衡，则明确指出：

> 譬犹画工，恶图犬马而好作鬼魅，诚以实事难形，而虚伪不穷也。(《后汉书·张衡传》)

张衡是在一篇反对图谶之术的奏书中说这句话的，他认为，图谶是一种"欺世罔务"的"虚妄"之事，好比画工喜欢画鬼魅而不愿画犬马一样，不是因为画鬼魅有多么高明，而是因为鬼魅这类"虚伪"之事，无形难验，所以画起来容易，而犬马这类"实事"，有形可验，所以画工就不喜欢画。这里的意思很明白，就是在反对图谶之虚妄的同时，也明确提倡一种写实画风。这在理论上就与东汉造型艺术的写实品格构成了彼此呼应之势。

乐府民歌的叙事本性

乐府，顾名思义，乐即音乐，府即官府，故乐府原为掌管音乐的官署。因它专事搜集整理民谣俗曲，故后代就用"乐府"代称入乐的民间歌曲和歌辞。这样，乐府便由音乐机构一变而为可以入乐的民间诗歌。

宋代郭茂倩说："乐府之名，起于汉魏……至武帝乃立乐府，采诗夜诵，有赵、代、秦、楚之讴。则采歌谣、被声乐，其来盖亦远矣。"（《乐府诗集》卷九十）这段话，除了说明作为官方音乐机构的乐府是汉武帝设立，以及所采之诗为各地民歌外，还有一个重要的信息，那就是西汉乐府广采民歌主要是为了"被声乐"，造新声。具体地说，就是为了在崇祀的名义下改编雅乐，创制新声。所以，在这个意义上，西汉乐府更为重视的应当是乐曲，而不是歌辞。因而，乐府歌辞在西汉虽采地很广但存录却不很多。

在东汉，作为官方音乐机构的乐府虽于西汉末已被汉哀帝取消，但由于光武帝刘秀采取听风察政的用人政策以及迷信谶纬之术，因而官方形式的"观采风谣"活动反而愈加频繁，而且其更为重视的是民歌内容，是谚谣歌辞，这样，就自然使得东汉民歌谣辞能够较多地存录下来。大致可以判定，现存两汉乐府歌辞中最有价值的五十多首民歌，其中大部分当是东汉时期的作品。

班固把乐府民歌的特点描述为："感于哀乐，缘事而发"，这是很准确的，因为乐府民歌正是"饥者歌其食，劳者歌其事"之作，是对情感经验和人生状态的素朴陈述。明代徐桢卿在《谈艺录》中说："乐府往往叙事，故与诗殊。"这里说的"诗"，主要指《诗经》，里面大部分作品都是以抒情为主。徐桢卿认为乐府却并非偏于抒情，而是以叙事为基本特征的。这就更加触到了乐府民歌的审美个性。它确实讲究的主要不是虚拟之美，而是实事之真；不是主观想象，而是客观描述；不是畅神写意，而是叙事写人。它或咏当时，或托历史；或取材真人实事，或寓意草木禽鱼；或顺叙追述，或夹叙夹议，大都缘事而发，即事见义，展现出生活中悲欢离合的幕幕场景和幅幅画面。这与东汉美术重在写实的精神异曲同工，符契相合，可视为东汉崇实审美趣尚在诗歌中的一种体现。

乐府民歌从长篇《孔雀东南飞》到小诗《公无渡河》，都带有明显的情节性、故事性。既如一些抒情诗，如《白头吟》《怨歌行》《青青陵上柏》等作品，也多具浓郁的叙事成分。它们往往采取第一人称的自述方式来表情说事，大都"若秀才对朋友说家常话"（谢榛《四溟诗话》卷三），真切动人。如《白头吟》写一女子坦荡不拘地自叙其与怀有两意的情人斗酒决绝之事，叙事言情，通达细腻。《孤儿行》则以孤儿自己的口气来述其生平，申其悲绪。他用如泣如诉的语言，用真切质朴的感受，将自己

"命独当苦"的人生经历一一道来，使人如闻其声，如见其状。清沈德潜评此诗说："极琐碎，极古奥，断续无篇，起落无迹，泪痕血点，结掇而成。"（《古诗源》）

场景化，是汉乐府民歌叙事的一大特色，其交代故事，塑造人物，总是通过某种特定的场景化描写来进行。如《十五从军征》写一老兵"十五从军征，八十始得归"，然而自己的家已是人亡室空，墓冢累累，只见"兔从狗窦入，雉从梁上飞。中庭生旅谷，井上生旅葵"。这是一个极尽破败荒凉的场景，将一个老兵穷老归来、孤贫无依的凄惨晚景极真实地再现出来，集中地突出了叙事效果，令人震撼。其他如《陌上桑》中写少女罗敷的美，不从正面写，而是从旁观者的眼神表情中反照映衬，而每一个旁观者都与罗敷构成一种特定的关系场景，更是呼之欲出，如在目前，叙事之巧妙堪为典范。

戏剧性，是汉乐府民歌叙事的又一大特色。乐府叙事，既真切自然，又不平直烦冗，而是抓住事情的矛盾冲突，在跌宕曲折的情节发展中叙说故事，展现性格，在一种动荡紧张的戏剧性氛围中塑造形象，表达主题。这在《孔雀东南飞》中表现得最为鲜明。长篇叙事诗《孔雀东南飞》，又名《焦仲卿妻》，最早见于南朝梁代徐陵所编《玉台新咏》。诗首有序云："汉末建安中，庐江府小吏焦仲卿妻刘氏，为仲卿母所遣，自誓不嫁。其家逼之，乃投水而死。仲卿闻之，亦自缢于庭树。时人伤之，为诗云尔。"此序告诉我们，《孔雀东南飞》一诗取自真人实事，而且约成稿于汉末建安年间。全诗共三百四十多句，一千七百多字，是汉文学史上最长的叙事诗之一，同时也是最具悲剧性的叙事诗之一。诗中讲述了一个完整的爱情悲剧故事。刘兰芝被婆母所遣是矛盾冲突展开的始因，也是悲剧故事的开端。刘、焦分手，兰芝回家，受兄长逼迫违心答应另嫁，是悲剧故事的展开。至此，人物关系趋于复杂，矛盾冲突愈加尖锐。仲卿闻讯，前来责难兰芝，二人发生误会，继而相约殉情，矛盾冲突至此又充分展开，悲剧故事臻于高潮。二人别后回家，双双如约自尽，矛盾冲突解决，悲剧故事结束。最后，有一个古典和谐美的理想化尾声，二人死后合葬一处，在松柏梧桐之间，有自名鸳鸯的双飞鸟朝夕相向而鸣，尾声饶有余韵，令人嗟叹不已。这一悲剧性长诗，标志着偏于叙事写实的乐府民歌在东汉末所达到的一个艺术高峰。具体说，它通过一个有头有尾、谨严完整的悲剧故事，以及焦、刘等一系列性格鲜明的人物形象，展示了善恶矛盾、美丑冲突的社会现实生活，再现了世俗个体命运多舛的生存状态，描画了一幅真切生动的民俗风情景观。在这个意义上，它既以典范的形态显示了汉乐府民歌的叙事特征，又从特殊的角度呼应了东汉时代以崇实为主的审美文化趣尚。或者说，它极为典型的叙事形态本身就反映了一种写实美学精神。

伦理效应：

写实趣味的指归

当我们描述东汉艺术的写实趣味这一主流态势时，有个问题是不能回避的，那就是这个写实趣味对于东汉审美文化来说，究竟是"本"还是"末"，是"体"还是"用"？也就是说，东汉时代鲜明突出的写实趣尚，它本身即为审美的目的，还是另有指归？之所以提出这样一个问题，是因为中国艺术从先秦开始就以抒情言志见长。先秦最为发达的艺术是诗、乐、舞，而诗、乐、舞即为偏于表情的艺术。传统的"诗言志"说，也是一种偏于表现的理念。这就基本规定了整个中国古典艺术之偏于主情尚意的审美模态和趋向。那么，对汉代，特别是东汉时代所出现的有别于这种审美模态和趋向的艺术现象，即偏重写实的造型艺术和偏重叙事的乐府民歌，我们又该做何理解呢？

从历史的总过程、总趋势上讲，这一艺术现象是对偏于言志表情的先秦审美文化的一种调整，一种扬弃，当然这种调整和扬弃并不导致审美文化总趋向的扭转和改变，恰恰相反，它只是审美文化总的上升进程、发展进程的一个中介环节，一种暂时的"逗留"。它为偏于言志表情的先秦审美文化设置了对立因素，恰恰给审美文化向主情尚意的发展和上升提供了新的内容，使之更加趋于丰富、具体和完满。如果没有汉代艺术对写实叙事功能的拓展，中国审美文化要达到唐宋那样的圆熟境界，是不可想象的。我们知道唐宋之际主情尚意的审美文化主流，与先秦时代偏于言志表情的审美文化风貌相比，已有了很大的飞跃，但这飞跃并不是直接完成的，其间极为重要的过渡环节、中介环节之一，便是偏于写实叙事的汉代艺术的发展。

从历史的个别性、阶段性上讲，这一艺术现象则与汉代以来偏于外向认知的审美方式，以及由此在东汉形成的偏于"崇实"的审美文化趣尚直接相关。如前所述，"崇实"趣尚的内涵不是单一的，而是多层的、复调的。它既指世俗之"实"，也指写实之"实"，此外，它还指伦理教化的现实效应之"实"。儒家审美文化在东汉的全面发展，使得艺术的伦理教化功能得到了空前突出的强调。在很大程度上，东汉艺术写实趣味的形成就是为伦理教化的现实功用服务的。伦理效用可以说就是写实趣味的现实指归。对此，我们不妨以乐府民歌和绘画艺术为范例作一阐析。

班固在谈到汉乐府是"感于哀乐，缘事而发"这层意思后又接着说："亦可以观风俗，知薄厚云。"(《汉书·艺文志》)这后一层意思大概就涉及乐府民歌的现实功能和伦理效用了。从官方、朝廷的眼光看，这些民歌不仅可以入乐，而且也有助于了解民情风俗，察知政教得失。不少民歌本身就包含着伦理教化的内容。如《战城南》对忠良将士为国捐躯精神的肯定和褒扬，《长歌行》对人生当珍惜青春发愤努力主题的表达，《雁门太守行》是歌颂雁门太守王涣的廉政德行的，《白头吟》是劝谕男子对爱情、婚姻不要三心二意的，《梁甫吟》是吟诵曾子的大孝之德的；《孔雀东南飞》尾句"多谢后世人，戒之慎勿忘"，说明该诗也是旨在劝世美俗的。总之，汉乐府民歌的流行有审美认知的原因，更有政教伦理的动因，而且后者更为内在和根本。

同样，以写实为趣味的东汉绘画更称得上是伦理教化的一种工具。潘天寿在《中国绘画史》中指出："汉代之绘画，全牢笼于礼教之下，审美之力量，尚甚浅薄。"〔4〕汉画在今天看来可能极有审美价值，但在当时却主要是经传之羽翼，是以伦理教化为指归的。

我们知道，汉代绘画基本为人物画。为什么要画人物？主要不是为了审美鉴赏，而是为了彰其德名，纪其功业，以利教化。如《汉书·苏武传》载：

> （宣帝）甘露三年，单于始入朝。上思股肱之美，乃图画其人于麒麟阁，法其形貌，署其官爵姓名。

所画其人有霍光、张安世、韩增、赵充国、魏相、丙吉、杜延年、刘德、梁丘贺、萧望之、苏武，"凡十一人"，"皆有功德，知名当世，是以表而扬之。"对此，王充在《论衡·须颂篇》中也说："宣帝之时，画图汉列士；或不在于画上者，子孙耻之。何则？父祖不贤，故不画图也。"由此观之，人物画在汉代的最大功能就是扬善彰名，歌功颂德，以助教化。

东汉以来，大崇儒学，砥砺名节，推奖忠义，以明经修行相标榜，所以这一时代不仅是儒学礼教的最盛时期，而且也是礼教化绘画的最盛时期。一方面，西汉那种常画古代圣贤与当世功臣于宫室中的风气此时仍有增无已，而且，在丧葬礼俗中，以墓主功名的自我赞颂为主题的绘画也呈盛行之势。《后汉书·赵岐传》载："（岐）先自为寿藏，图季札、子产、晏婴、

239

叔向四像居宾位，又自画其像居主位，皆为赞颂。""自画其像""皆为赞颂"也就是自我标榜，以图垂世之意。另一方面，以"恶以诫世，善以示后"的伦理说教为目的的历史人物故事画也异乎寻常地发展起来。这一点尤以山东的画像石为代表。

山东出土的汉画像石与全国其他地区的相比，其蕴涵的儒家说教意味是最浓厚的，其所表达的历史故事题材也是最多的。其所描画的古圣先贤人物主要有：伏羲、女娲、祝融、神农、黄帝、颛顼、尧、舜、禹、文王、武王、周公、老子、孔子及其弟子等；其所表现的忠勇谦义题旨主要有：**"周公辅成王"**（027）、"尧舜禅让"、"孔子见老子"、**"荆轲刺秦王"**（028）、"卫姬叩谏齐桓公"、"晋灵公欲杀赵盾"、"蔺相如完璧归赵"、"聂政刺侠累"、"豫让刺襄子"、"要离刺庆忌"、"管仲射桓公"、"二桃杀三士"、"鸿门宴"等；其所表现的仁爱孝悌形象主要有：老莱子、邢渠、丁兰、闵子骞、曾参、韩伯瑜、董永、管仲、苏武等；其所表现的贞节义烈的妇女形象有：梁节妇、京师节女、齐继母、无盐丑女、秋

027 周公辅成王（山东嘉祥武氏祠汉画像石）

028 荆轲刺秦王（山东嘉祥武氏祠汉画像石）

胡妻、鲁义姑、朱明妻、楚真姜、王陵义母等。
这一幅幅人物画，俨然成为一条琳琅满目的历史
人物画廊，这一组组历史故事，不啻为一幅幅深
沉厚重的道德教化图卷。

这种写实性的历史人物故事画像，其指归在伦理教化的现实效用是一目了然的。曹植有一番话讲的就是这种艺术的伦理效用。他说：

> 观画者，见三皇五帝，莫不仰戴；见三季暴主，莫不悲惋；见篡臣贼嗣，莫不切齿；见高节妙士，莫不忘食；见忠节死难，莫不抗首；见忠臣孝子，莫不叹息；见淫夫妒妇，莫不侧目；见令纪顺后，莫不嘉贵。是知存乎鉴者，何如也。(《画说》)

曹植虽属建安时人，但这段话却是对汉画之教化功能的精确概括。

《毛诗序》：
一个经典的儒家美学文本

就理论形态而言，《毛诗序》是我们今天所能见到的最主要、最经典的儒家美学文本之一。汉代，特别是东汉以来起于写实、归于教化的美学趣尚，在这里得到了极为精炼的理论阐发和表述。

汉人传诗有鲁、齐、韩三家诗说，均立于学

官，属今文学派。赵人毛苌传诗，称为毛诗，未
立学官，属古文学派。原三家诗都有序，久已失
传，而《毛诗序》独存。据《后汉书·儒林传》
载，《毛诗序》是卫宏所作。卫宏，字敬仲，东
汉东海（今山东郯城西南）人。其所作《毛诗
序》，最早有所谓大序、小序之分。小序是用来
说明《诗经》各篇题旨的，大序则是针对《诗
经》全部作品的一个总序。但现存的《毛诗序》，
则是写在《国风》首篇《关雎》题下的序。出现
这种情况的原因大约是由于流传中的卷册混乱，
致使"大序"窜入《关雎》小序之中。但好在尚
能辨别捡掇得出，无碍大义。

《毛诗序》（亦即"大序"）的基本美学思想
是严密而清晰的。简要说来，有三大要点：

首先，它认为诗是人的内在情志的一种语言
表达，而且这种表达不是缘于一种理智的自觉，
而是本于一种生命的自然，是人情不自禁不吐不
快的一种自由表现：

> 诗者，志之所之也。在心为志，发言为诗。情动
> 于中而形于言，言之不足故嗟叹之，嗟叹之不足故永歌
> 之，永歌之不足，不知手之舞之，足之蹈之也。

这段话将《尚书·舜典》和《礼记·乐记》中的有关说法糅合起来，形成了一段明确完整的表述。值得注意的是，它在将诗、乐、舞理解为主观表情自由言志的艺术的同时，也在某种程度上对先秦时代即已出现的"诗言志"说有所突破。我们知道，先秦所讲"言志"的"志"，虽包含着"情"，但主要不是指"情"。按朱自清的观点："这种志，这种怀抱是与'礼'分不开的，也就是与政治、教化分不开的。"[5]《毛诗序》里面的"志"，当然也是指这种"志"，但它将诗歌之"志"与乐舞之"情"结合起来，将"情""志"并提，便体现了一种微妙而重要的变化，显示了东汉《古诗十九首》这类长于抒情的五言体诗对诗歌美学理论的影响，也显示了诗学理论向魏晋"诗缘情"说演化的一种征象。

其次，正是从言志表情的观念出发，《毛诗序》将诗学引入了一种偏于认知的、伦理的文化功能系统。这是中国古代早期诗学的一个重要思想特征。《毛诗序》中说：

> 情发于声，声成文谓之音。治世之音安以乐，其政和；乱世之音怨以怒，其政乖；亡国之音哀以思，其民困。

这段话是从《乐记》中移植过来的，但"嫁接"得很巧妙。既然诗歌是"情发于声"的产物，而"情"作为人对自身生存状态的一种主观内在的心理体验形式，一旦"发声""成文"于诗歌，就必然反映着与人的生存状态直接相关的世道之治乱、王政之得失、民情之哀乐、风俗之厚薄。这样诗也就具有了某种摹拟现实的写实性、认知性。比如"风"，就是"以一国之事，系一人之本"，而"雅"，则是"言天下之事，形四方之风"，而所谓"变风""变雅"的出现，则是"王道衰，礼义废，政教失，国异政，家殊俗，而变风、变雅作矣"。

正因为诗在言志表情的主观形式中反映了客观现实，具有了认知功能，所以国史就把这些诗整理出来，"以风其上"，让统治者明白世道民情的实况，从而改善政治，推动教化。也就是说，诗的最终目的即在有助伦理教化。所以《毛诗序》一开篇就讲："风，风也，教也。风以动之，教以化之。"这实际上是一上来就给整个"大序"的理论指归定了调子，即把伦理教化置于《诗经》意义之首位。因此，《毛诗序》在诗之"六义"中以"风"为第一。何谓风？"上以风化下，下以讽刺上，主文而谲谏，言之者无罪，闻之者足以戒，故曰风。"也因此，《毛诗序》认为，"故正得失，动天地，感鬼神，莫近于诗。先王以是经夫妇，成孝敬，厚人伦，美教化，移风俗"。从这些话语里我们可以明显看出，《毛诗序》确实把伦理效用视为诗学的根抵和指归。

再次，《毛诗序》提出了"发乎情，止乎礼义"的著名观点。从历史渊源上看，这个观点是对先秦儒家的情、理中和思想，特别是孔子所谓"乐而不淫，哀而不伤"一说的理论提炼和概述，明确指出诗一方面是抒发情志的，一方面这种抒情又是有"边界"的，即不能违背礼义规范的。人们一般也是从这个意思上理解这一著名观点。但若从《毛诗序》的整个思想，特别从其以伦理效用为指归的思想看，仅仅停留于这样的理解似还不够。因为"发乎情，止乎礼义"这句话的涵义不仅是学理性的，而且还是功能性的。具体地说，"变风"这种诗体一方面是"发乎情"的，而且是抒发老百姓"伤人伦之废，哀刑政之苟"这种"情"的；另一方面，国史以"变风"来"刺上"，是为了让统治者引以为戒，促使社会回到礼义之"旧俗"，以体现先王的教化之德，即所谓"止乎礼义，先王之泽也"。这样一来，"止"就不仅是"停止""平息"之义，而且还有"至""到达"之义。"礼义"也不仅是一种规范，它在这里还指一种伦理目标，一种社会理想。"止乎礼义"不仅可作"以礼义为界限"解，也可作"以礼义为指归"解。这两层意思当然是浑然不分的，但后一层意思似更符合《毛诗序》以言志表情为始，以言事写实为形，而以伦理教化为归的总体美学思路。

**王充美学：
从"疾虚妄"到"为世用"**

写实趣味与伦理功用的"合谋"作为东汉时代"崇实"审美文化的一大特点，在王充的美学思想中也得到了极致化发展。王充，字仲任，会稽上虞（今属浙江）人，东汉哲学家。出身

"孤门细族"，历任郡功曹、治中等小官，后罢职家居，从事著述，有《论衡》一书。王充在哲学上坚持反对神秘主义的"天人感应"论和谶纬之学，捍卫和发展了古代唯物主义。与此相应，王充在批评汉大赋时提出了"崇实"论，对此我们在本章开头已略有引述。他认为汉大赋尽管"文如锦绣，深如河汉"，"文丽而务巨，言眇而趋深"，但却不能"处定是非，辨然否之实"，使"民不觉知是非之分"，所以"无益于弥为崇实之化"（《论衡·定贤篇》）。王充在这里显然将"崇实"视为一个基本的批评尺度和美学准则。所谓"崇实"，也就是崇尚实际、实事、真实、实效、实用等意。汉大赋固然文辞巨丽，言语渺深，但不能让人辨明真伪，认知是非，所以无益于推行崇实的风气。那么，王充的"崇实"论的具体内容是什么呢？概括地说，"崇实"论主要展开在"疾虚妄"和"为世用"两大命题上。

　　"疾虚妄"命题称得上是王充高举的一面鲜明的思想旗帜。该旗帜不完全是美学意义上的，但却与美学问题深刻相关。王充明确指出，"疾虚妄"是他《论衡》一书的主旨：

《诗》三百,一言以蔽之,曰:"思无邪。"《论衡》篇
以十数,亦一言也,曰:"疾虚妄。"(《论衡·佚文篇》)

何谓"虚妄"?用王充的话说,"虚妄"就是汉
代儒生的"空言虚语""浮妄虚伪",就是阴阳方
士的"成仙""不死"等"神怪之言",就是谶
纬之术的"预言""谶记",连那些绘有"仙人之
形""蝉蛾之类"的图画也是"虚图"。总之,一
切主观臆造、浮华不实者,皆为"虚妄"。当然
从美学道理上讲,王充把艺术中想象的、夸张
的、变形的、虚构的东西也称作"虚伪",也在
反对之列,显然是片面的,甚至是无知的,但这
并不是关键的问题。关键问题在于,王充在东汉
审美文化语境中提出"疾虚妄"这一命题是有重
要现实意义的,是呼应了这一时代审美文化发展
的历史需求的。如果不拘泥于个别具体的表述,
而从总体理论视野看,王充"疾虚妄"说实际上
有力推动了中国美学史上一个一直处于边缘地
位、然而又意义重大的美学课题,即美与真关系
理论的深入拓展。

首先,为反对"虚妄",王充明确提出了

"真美"概念。他说：

> 是故《论衡》之造也，起众书并失实，虚妄之言胜真美也。……故《论衡》者，所以铨轻重之言，立真伪之平，非苟调文饰辞，为奇伟之观也。(《论衡·对作篇》)

显然，王充所说的"真美"，是与"虚妄"截然对立的一个概念，是针对"虚妄之言胜真美"的现实弊端而提出来的，目的不是为了玩弄辞藻，标新立异，而是为了明辨是非，诠释真伪，还虚实、美丑以本来面目。可以说，这是一个极富战斗性、现实性的美学概念。

其次，在"真美"概念的基础上提出了"效验"范畴。这一点体现了王充对传统的真与美关系理论的重大改造。我们知道，先秦美学也多少涉及美、真关系。但在儒家那里，"真"主要指的是道德情感的"诚"，即一种向善的内在真诚，而在道家那里，"真"则主要指的是一种不假人力、顺乎自然意义上的天真、本真之趣。然而王充所谓"真美"的"真"，虽然也某种程度地包含着儒家的"真诚"和道家的"真趣"，但更主要的是指经验事实意义上的"真"，是具有确定

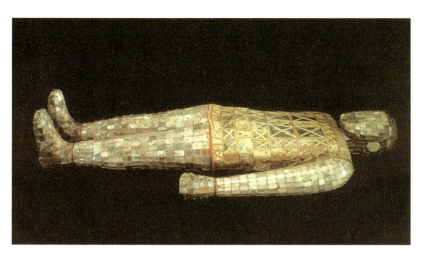

7／金缕玉衣
（河北满城汉墓出土）

刘胜的玉衣全长1.88米，脸盖上制出眼、鼻和嘴的形象，上衣的前片制出宽阔的胸部和鼓起的腹部，后片的下端做成人体臀部的形状，左右裤腿也按人腿的形状制成，鞋作方头平底高腰状，全套玉衣由2498片玉片组成，编缀玉片的金丝共重1100克左右。

8 / 绿釉陶望楼
（东汉，陕西潼关县吊桥汉墓出土）

9 / 汉代彩绘陶壶

10 / 湖南长沙马王堆一号汉墓帛画

这是一个长 205 厘米，上宽 92 厘米，下宽 47.7 厘米的"T"形布局画幅，内容自上而下分三部分，分别绘着表示天上、人间和地下的各种图像。

⑪ / 河北安平汉墓壁画
（局部）

⑫ / 汉代石刻双狮
（陕西咸阳西郊出土）

高 66.5 厘米，立姿，左手执鼓，右手执棒，头戴
圆帽，缩颈至头，撅嘴斜目，弓腰突臀，故作怪状，
然说唱之态，神采飞扬，如闻其声，令人捧腹。

⑬ / 击鼓说书俑
　　（东汉，四川成都出土）

⑭ / 青铜长信宫灯
　　（河北满城汉墓出土）

作宫女跪坐持灯状。宫女头梳髻，发上覆巾帼，博
衣大袖，上身平直，双膝着地，右臂高举，袖口即
为灯之顶部，与身躯相通。右臂伸向右方，手握灯
盘底座。宫女表情含蓄，神态恬静。

15 / 铜奔马

（东汉末年，甘肃武威出土）

铜马高 34.5 厘米，长 45 厘米。马头微左，体态强健，昂首张口
作嘶鸣状，长尾打结飘起，三足腾空，一足似"踏"在一只飞鸟上，
作凌空奔驰姿态。

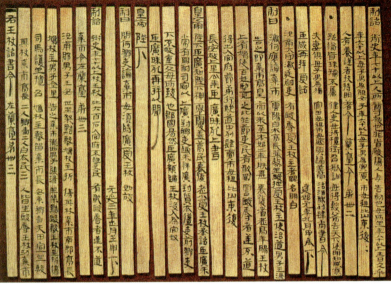

⑯ / 武威汉简

⑰ / 居延汉简

"效验"的"真"。他说：

> 凡论事者违实，不引效验，则虽甘义繁说，众不见
> 信。(《论衡·实知篇》)
>
> 事莫明于有效，论莫定于有证。空言虚语，虽得道
> 心，人犹不信。(《论衡·薄葬篇》)
>
> 凡天下之事，不可增损，考察前后，效验自列。自
> 列，则是非之实，有所定矣。(《论衡·语增篇》)

所谓效验，就是所言之事，必须得到事实的有效验证。否则，无论说得多么好，也不足信。事实—有验—可信，是"效验"说的基本内涵。它强调的是有一说一，有二说二，不可虚语，不可增减，只有这样，才会获得事实的有效验证，才会确定事情的是非真伪。一句话，才会排除"虚妄"，达到"真美"。

王充的"疾虚妄"命题以及与之相关的"真美"说和"效验"论，拓展了中国美学在真、美关系上的思维界域，特别在强调经验事实的第一性、绝对性方面更是独树一帜，不仅在美学理论上有重要贡献，而且对该时代审美文化的写实趣味和"崇实"风尚起到了有力且

自觉的推动作用。

但问题在于，中国文化、中国美学从来不只专注于纯物质性的经验事实。王充自然也不例外。他提出"疾虚妄"命题，强调"真美"和"效验"，并不是为了解决纯哲学意义上的世界本体问题。那么是为了什么？简言之，就是"为世用"。他指出：

> 入山见木，长短无所不知；入野见草，大小无所不识。然而不能伐木以作室屋，采草以和方药，此知草木所不能用也。……凡贵通者，贵其能用之也。（《论衡·超奇篇》）

认识的目的在于实践，在于应用。所以，只是弄清了事实，明辨了是非，还不算真正的通博之人。真正的通博要归于"能用"。止于知而不能用，这种人不过是"鹦鹉能言之类"。所以，王充高举"疾虚妄"的旗帜，就是因为"虚妄之语不黜，则华文不见息；华文放流，则实事不见用"（《论衡·对作篇》）。这样，王充的哲学——美学最终落实为一种实用理性精神，一种"为世用"的功能论。他说：

　　盖寡言无多，而华文无寡。为世用者，百篇无害；

不为用者，一章无补。(《论衡·自纪篇》)

　　这段话可视为王充美学的一个基本点。有学者指出，王充这话从一种狭隘的功利主义观点出发看待华文之美，是对艺术美特征缺乏了解。这个批评孤立地看无疑是对的，但如果从王充美学思想整体看，则未免失之简单。事实上王充对艺术美特征并非缺乏了解，也并不绝对排斥华文之美。他多次说"人之有文也，犹禽之有毛也"，"繁文之人，人之杰也"(《论衡·超奇篇》)，"龙鳞有文，于蛇为神，凤羽五色，于鸟为君。……物以文为表，人以文为基"(《论衡·书解篇》)等等，这都表明王充对"文"(形式之美)有着敏锐的感觉和深切的了解。那他又为什么反对"华文"呢？说到底，他反对的并非一段意义上的"华文"，而只是"失实""违实"的华文，是"空言虚词"的华文，是"不能处定是非，辨然否之实"的华文，一句话，是不能"为世用"的华文。对此，他在《论衡·自纪篇》中明确地说，正因"伤伪书俗文，多不实诚，故为《论衡》之书"。其目的就是"没华虚之文，存敦厖之朴，拨流失之风，反宓戏之俗"。这就是王充美学思想的基本构架，即从"疾虚妄"、反浮华、重效验、倡真美出发，最终落脚于伦理整饬、社会教化的审美功能论、目的论，也就是始于美、真结合，归于美、善统一。用他的话说：

> 天文人文，文岂徒调墨弄笔，为美丽之观哉？载人之行，传人之名也。善人愿载，思勉为善；邪人恶载，力自禁裁。然则文人之笔，劝善惩恶也。(《论衡·佚文篇》)

"劝善惩恶"这一具有鲜明儒家色彩的话语，是王充美学从"疾虚妄"到"为世用"这一理论构架的必然结论和逻辑终点。这也说明王充美学与儒家美学是有内在联系的。

王充美学思想一方面以其"疾虚妄"命题呼应了东汉时代偏于认知、写实的审美趣味，一方面又以其"为世用"命题推动了该时代重伦理、讲功用的儒家美学的发展。而这两方面的统一，也就在理性自觉的高度上体现了写实趣味与伦理效用的"合谋"，从而深刻地应和了这一时代偏于"崇实"的主流审美文化风尚。这是王充美学的意义之所在。

〔1〕 李浴《中国美术史纲》上卷，第 238 页。

〔2〕 《中国美术史纲》上卷，第 268 页。

〔3〕 潘天寿著《中国绘画史》第 22 页，上海人民美术出版社，1983 年版。

〔4〕 上海人民美术出版社第 23 页，1983 年版。

〔5〕 《诗言志辨》第 3 页，华东师范大学出版社，1996 年版。

3 「文以情变」

审美文化转势的新征象

东汉中晚期，审美文化在其发展过程中，有一些新的征象、新的趋势也开始显露出来。这些新征象、新趋势尽管还只是初露端倪，但却富有生气，值得关注。从历史的角度观察，它们既可视为汉代、特别是东汉审美文化主流的一种纵深化发展，也可看做该时代审美文化内部某种自我否定因素的崛升，或者说，某种超时代的新型审美文化因素的萌芽。

这些新征象、新趋势大致表现有二：一是在汉代"大美"气象、阳刚精神仍占主流的文化舞台上，一些偏于婉顺、秀雅、纤巧、阴柔的审美观念和"角色"逐步活跃起来，犹如远远吹来的清新轻盈之风；二是东汉的"崇实"趣尚在内涵上也有某种转换，即开始从外在形象、世俗生活、经验事实、现实功用等界域转向内在情绪、个体心理、生命感伤、自由意念等层面，显示出一种从外在之"实"向内在之"真"的朦胧向往和追求。虽说这种内在化审美追求尚不自觉，还很薄弱，但却是迎候未来审美文化的一抹曙光。

有关屈原人格的
解释和论争

汉代，随着楚人的北上，楚辞得以广泛流传。于是，作为楚辞创始人和代表者的屈原的意义便也特别炫目地凸现了出来。围绕着屈原生平、作品，特别是对其人格的解释、评价和论争，成为贯穿两汉时代的一件十分独特的审美文化事件。

我们关注这一事件，主要不是想对其中种种观点做出孰高孰低的价值评判，而是想从接受美学的角度，通过这一事件的前后演变，来观察和描述汉代审美文化在一个特定层面上所表现出来的发展轨迹。

屈原既是一个历史的客观化对象，也是汉人心目中的一个主观化"文本"，对屈原的解读，实质上也是当时人们对艺术范本和理想人格的探寻。也就是说，当汉人在谈着他们对屈原的种种认识和评价时，他们实质上是在表达着自己的观念和心声。汉人解读和评价屈原，主要集中于两个问题：一是屈原作品，特别是其中的悲愤情怀；二是屈原不忍浊世而自投汨罗的行为。前者涉及的是艺术中的情和理关系；后者涉及的是一种人格上执著真理和理想的"殉道"精神。在这两点上，既体现了汉代审美文化的特色，也约略显示了中国古代知识分子的文化品格。

最早谈论屈原的是西汉初期的贾谊。他在被贬谪赴长沙途中"意不自得"，于是就写了《吊屈原赋》因以自喻。此赋的中心是评述屈原的自杀。贾谊认为，屈原固然因身处"贤圣逆曳兮，方正倒植"的险恶环境，而"遭世罔极兮，乃陨厥身"，但他其实犯不着为此跳江自沉。他应像"袭九渊之神龙兮，沕深潜以自珍"，应"贵圣人之神德兮，远浊世而自藏"，应像凤凰一样，自由翱翔于九仞之上，见人君有德乃下之，一旦有险难微起，则展翅远逝而去之。总之，要学会保护自己，学会"深潜""隐处""自珍""自藏"。贾谊此处所说，与孔子所谓"天下有道则见，无道则隐"（《论语·泰伯》)，与孟子所谓"穷则独善其身，达则兼善天下"（《孟子·尽心上》）等是一脉相通的。这可以说是中国士人在集权专制的政治环境中所采取的一种以实用理性为神髓的特殊生存方略。用这一生存方略衡量，执著信念、九死不悔的屈原就显得有些傻了。所以贾谊说屈原死得太亏。

　　司马迁也有贾谊这样的感受，只是没有贾谊那样强烈。司马迁说："适长沙，观屈原所自沉渊，未尝不垂涕，想见其为人。及见贾生吊之，又怪屈原以彼其材，游诸侯，何国不容，而自令若是？"(《史记·屈原贾生列传》)显然，司马迁对屈原之死所表现出的不以为然是直接受贾谊之赋影响的。其实，司马迁谈的更多的是对屈原作品和人格的充分肯定。他说：

> 屈平疾王听之不聪也，谗谄之蔽明也，邪曲之害公也，方正之不容也，故忧愁幽思而作《离骚》。

> 离骚者，犹离忧也。夫天者，人之始也；父母者，人之本也。人穷则反本，故劳苦倦极，未尝不呼天也；疾痛惨怛，未尝不呼父母也。屈平正道直行，竭忠尽智以事其君，谗人间之，可谓穷矣。信而见疑，忠而被谤，能无怨乎？屈平之作《离骚》，盖自怨生也。……上称帝喾，下道齐桓，中述汤武，以刺世事。明道德之广崇，治乱之条贯，靡不毕见。其文约，其辞微，其志洁，其行廉，其称文小而其指极大，举类迩而见义远。其志洁，故其称物芳。其行廉，故死而不容。自疏濯淖污泥之中，蝉蜕于浊秽，以浮游尘埃之外，不获世之滋垢，皭然泥而不滓者也。推此志也，虽与日月争光可也。(《史记·屈原贾生列传》)

这是关于屈原评价中一段有名的文字，其中有对屈原高洁廉正、超尘脱俗之人格的赞美，有对屈原以小见大、言迩义远之文辞的褒扬，而更为主要的是对屈原作品中心旨趣的肯定。司马迁认为，屈原的代表作《离骚》是因"忧愁幽思而作"，是"盖自怨生"，其中心旨趣就是抒发忧怨悲愤之情。这一点，司马迁在《报任安书》中也有论述。他在这篇书信名作中指出，屈原就是因遭放逐而作《离骚》的。所以，《离骚》是"发愤之所为作"，是旨在表达一种内在的"郁结"之"意"。

司马迁在论屈原时提出的这一发忧怨抒悲愤的美学观点，在古代审美文化史上是值得注意的。它一方面体现了中国古典诗学主于言志、偏于抒情的审美传统，一方面又与这一古典诗学传统不尽契合。因为这一传统要求的是言志而不乱道，表情而不悖理，是以道制志，以理节情，是礼和乐、志和道、情和理的中和不偏，即像《毛诗序》讲的那样："发乎情，止乎礼义。"但司马迁对《离骚》的解释却与古典诗学原则有所不同。他不但突出了抒情言志，而且强调的是抒忧怨之情，言悲愤之志，很有点置情理中和的诗学原则和"温柔敦厚"的诗教理想于不顾的味道。

　　问题是司马迁为什么这样做？一种说法认为这是对儒家美学中最根本的"中庸之道"的一种突破，表现了司马迁思想的明显的反抗性和批判性。我们觉得这个"突破"说值得商榷。因为司马迁在总体审美观念上并没有，而且也不可能真正突破情理中和的古典美学原则，这一点我们在谈司马迁的散文时已有论及，此处不再赘述。应补充指出的是，司马迁充分肯定屈原的"发愤以抒情"，其根由更多的与司马迁本人的不幸遭遇有关，或者说与二者命运的相似性有关。在很大意义上，他是借《离骚》之酒杯浇胸中之块垒。像"疾王听之不聪，谗谄之蔽明""信而见疑，忠而被谤"等语，不也正是在抒发他自己的一种忧怨和悲愤吗？所以，与其说他是在评论屈原的作品和人格，倒不如说他是在表达自我的心情和怀抱更恰切一些。换言之，司马迁对屈原的解释和评论在美学理论上不具明显的普遍意义，更多的带有情绪化、主观化、个人化色彩。

　　西汉末扬雄对屈原也表达了看法。他着重评价屈原的人品。一方面，他高度赞扬屈原的人品"如玉如莹，爰变丹青"（《法言·吾子》），即其人格品质像玉一样的纯洁晶莹，必定名垂青史；另一方面则在同情屈原遭遇的同时，对屈原的"湛身"之举大为不解，"以为君子得时则大行，不得时则龙蛇，遇不遇命也，何必湛身哉"！（《汉书·扬雄传》）这是一种与贾谊所论大同小异的观点，其支撑点皆为中国士人那种进退裕如的实用理性人生方略。所以在屈原评价方面，扬雄可以看做是向贾谊的一种复归。

东汉班固则把这种实用理性的人生方略同纲常礼法的儒家经义结合起来，对屈原作了非常实际也很庸俗的指责和批评，突出地体现了东汉审美文化在这个问题上偏于崇实、尚于功利的特点。班固对屈原作品虽没全盘否定，认为"其文弘博丽雅，为辞赋宗，后世莫不斟酌其英华，则象其从容。……虽非明智之器，可谓妙才者也"（《离骚序》），但正是这一句"非明智之器"，透露了他对屈原人格的基本看法。所谓"明智"，也就是善于审时度势，避害保身。班固说屈原"非明智之器"，也就是批评他是个不识时务，感情用事的傻瓜、狂人。班固认为，"君子道穷，命矣"，所以要尽量做到"全命避害，不受世患"。而要实现这一点，最好的策略便是学会"明哲保身"。
粗看起来，班固的这个说法与前述贾谊、扬雄等
责怪屈原不会"自藏"，不懂"龙蛇"（即隐匿、
退隐）等意思差不多，实际上却有着很大区别。
贾谊、司马迁、扬雄三人虽对屈原的自沉都表示
不解和遗憾，但却很少对其为人大加指责；司马
迁甚至热情赞赏屈原的人品志向"虽与日月争光
可也"。但班固在这方面则走远了，因为他所谓
"明哲保身"；是以放弃原则、淡薄道义、泯灭个
性、萎缩人格的生存策略为前提的。他说：

> 今若屈原，露才扬己，竟乎危国群小之间，以离谗
> 贼。然责数怀王，怨恶椒兰，愁神苦思，强非其人，忿
> 怼不容，沉江而死，亦贬洁狂狷景行之士。多称昆仑、
> 冥婚宓妃虚无之语，皆非法度之政，经义所载。谓其兼
> 《诗》风雅，而与日月争光，过矣。（《离骚序》,《全后
> 汉文》卷二十五）

屈原的"罪过"在这里被归纳为两条：一
是"露才扬己"，老跟包括怀王在内的别人过不
去，堪为"贬洁狂狷景行之士"；二是说《离骚》
中的许多描写违背经义，不合法度。由第一条批

评，我们感到的是一个"乡愿"式的庸人班固；由第二条指责，我们又看到一个正襟危坐、一脸认真的卫道士班固。这两种人格特征似乎是相互矛盾的，但在中国文化中却常常奇妙地统一在一个人身上。当然，在东汉历史语境中，班固这种人格的出现并非偶然，也是该时代崇实尚用、萎缩保守之审美文化的典型产物。

然而，东汉中晚期却有了某种历史性变化。是时，朝廷愈加腐朽，政治更为黑暗，社会矛盾日益尖锐，于是，一种革新朝政的呼声在士人中间滋起。王逸（主要活动在107—144年之间）则是在这种社会背景下出现的一位学者。他为楚地人，与屈原同乡。他在对楚辞的全面注释和研究中，通过大力肯定屈原那种为国为民舍生忘死的"殉道"精神，间接地呼应和表达了这种社会变革意识。

首先，他抨击了班固那种"明哲保身""避害全命"的庸人哲学，认为"人臣之义，以忠正为高，以伏节为贤。故有危言以存国，杀身以成仁"。如果放弃道义原则，一味避患自保，虽"终寿百年，盖志士之所耻，愚夫之所贱也"。所

以，他高度称赞了屈原那种坚守正义九死不悔的
"殉道"精神：

> 今若屈原，膺忠贞之质，体清洁之性，直若砥矢，
> 言若丹青，进不隐其谋，退不顾其命，此诚绝世之行，
> 俊彦之英也。……而论者以为"露才扬已""怨刺其
> 上""强非其人"，殆失厥中矣！[1]

王逸在这里对屈原人格的大力褒扬，与班固
对屈原为人的贬抑大相迥异。特别是王逸认为
屈原的作品，在班固所指责的"露己扬才，怨刺
其上"方面做得还不够，同《诗经》的讽谏比起
来，还算是"优游婉顺"的，它本来应当更尖锐
激烈一些。王逸的这一说法，虽不尽合《离骚》
原义，但却反映了王逸本人要求革新政治的强烈
愿望和鲜明态度。

其次，他继承了司马迁的观点，认为屈原作品
就是一种"忧悲愁思""不胜愤懑"之作。他说：

> 屈原履忠被谮，忧悲愁思，独依诗人之义，而作
> 《离骚》，上以讽谏，下以自慰。遭时暗乱，不见省纳，
> 不胜愤懑，遂复作《九歌》以下凡二十五篇。(《楚辞章
> 句序》)

这种肯定诗应发忧思、舒愤懑的观点，与他对屈原殉道人格的赞扬是一致的，同时也与司马迁的"发愤"说形成一种历史的呼应。当然，王逸最终又把《离骚》归结为"依托《五经》以立义"（《楚辞章句序》），将楚辞之旨扯回到儒家诗教的轨道上去。这是王逸本人无力超越的时代性局限。

值得关注的是，王逸与司马迁的观点有呼应，也有一定区别。司马迁的"发愤"说虽有一定的现实批判意味，但正如前面所说，其主观化、情绪化、个人化色彩更浓一些。而王逸提出的抒"愤懑"说，既没有明显的个人不幸遭遇的因素在内，也与其所在时代的社会变革思潮颇相吻合，因而其现实批判的意味则更自觉，更具社会性、客观性和普遍性。

从上述两汉时代有关屈原的解释和论争中，我们可以发现这么几点，一是在王逸之前，人们大都以某种实用理性的人生方略来衡量屈原的"殉道"行为，特别在东汉班固那里这一点达到了极致，但在王逸那里，屈原的"殉道"精神却闪耀出夺目的人格光芒，并具有了十分鲜明的社会批判意义。这无论如何都不应看做为一种偶然

的、寻常的现象。它似乎意味着审美文化中的主
体精神和批判意识正趋觉醒。二是他们大都承认
屈原作品是发"忧怨"、抒"悲愤"的，但却态
度不一。贾谊、扬雄等仅仅是感动、流涕，司马
迁则从个人遭遇的角度予以热情肯定，班固则从
"全命避害"和伦常名教的角度给以激烈指责，而
王逸则在社会批判的层面上予以大力褒扬。由此
表明，中国古典诗学中偏于言志表情的审美传统
在东汉中晚期正发生着某种动荡和变迁，其趋势
似乎正指向着一种审美文化意识的独立和自觉。

抒情小赋：
一种托物寓理的表意文本

由王逸评屈原所显露出来的东汉中
晚期两种审美文化倾向：主观发愤
与现实批判，在大约同时的抒情小
赋中得到了具体展开。

正如空前一统、雄心勃勃的西汉产生了"感
物造端""润色鸿业"的散体大赋一样，总体上
已呈衰落之势的东汉时代则随着汉大赋的渐趋式

微，一种新的赋体——抒情小赋勃然兴起了。

当然，篇幅短小而又重在抒情的辞赋在西汉已有出现，如董仲舒的《士不遇赋》，司马相如的《悲士不遇赋》，还有传为司马相如所作的《长门赋》以及扬雄所作的《逐贫赋》等，都属这种抒情短制。但它们在当时不足以与大赋相抗衡，故不占主流。东汉张衡创作的《二京赋》在将京都大赋推向"长篇之极轨"之后，也将汉大赋推向终结。与此同时，他创作的《归田赋》，则标志着一种真正取代大赋的新的辞赋文体——抒情小赋已然兴起。这是一种反映东汉中后期社会意识和审美精神的新型文体。

作为抒情小赋的"萌芽"，张衡的《归田赋》尚未脱尽汉大赋体物、叙事的遗风。这是一篇以状景叙事为主、以言理表情为辅的小赋。作品由大致相当的四段组成。第一段写的是归田之缘由，无非是讲自己在官场待得太久了，既无明略辅佐当朝，又偏遇到政治昏暗，如此下去还有什么意思？所以干脆返归田园算了。想想，纵心世外，与渔父同戏，岂不更美？这是一段叙述性文字，但其中隐含着不满时政、向往超脱的情怀。

接下来三段便基本是状景叙事了。其中第二段最是清新：

> 于是仲春令月，时和气清，原隰郁茂，百草滋荣。王雎鼓翼，鸧鹒哀鸣，交颈颉颃，关关嘤嘤。于焉逍遥，聊以娱情。

第三、四段，一写在山水间吟啸、垂钓、驰射的乐趣，一写在田园中弹琴、读书、赋诗、著文的自得。总起来看，这三段写景状物、叙事议理，真切清新，明丽自然。二、四段尾缀以两句抒情文字，起点题作用，但不为主体。有人把这种描写说成情景交融，不确。在这里，状景和表情一是比例上有较大差距，二是关系上呈分隔状态，不能说成"交融"。情景交融在中国古典文艺中是一很高境界，从文学史上看，这一境界的实现要到山水诗才得见分晓，此时讲情景交融未免尚早。

到了东汉后期，此类小赋的"抒情"成分有所发展，而"体物"痕迹则有所降低。如蔡邕的《述行赋》，写的是作者应召赴京鼓琴献艺途中的所见所思。首段写道，因"淫雨"连绵，路途难行，"马桀躇而不进兮，心郁悒而愤思。"此句说明作品旨在表达一种"愤思"。"愤"系于"情"而"思"指向"理"，表达"愤思"，也就是既是抒情也是言理，二者何为主次？从词语组合看，"愤思"当为偏正结构，意为"愤懑之思想"或"义愤之思绪"。从全文内容看，作者是借沿途所见景物和史迹来思古讽今，对现实中宦官小人得势，正人君子遭黜，广大百姓受苦等荒谬黑暗现象给以激烈痛切的斥责。文中洋溢着一种愤懑之情，但更多更主要的是贯注着一种"则善戒恶"的批判理性和现实关怀。作者是融"愤"于"思"，寓情于理，是以理思为主的写作。当然，这个批判性的"理思"绝非抽象的玄思空想，而是借物思古，即景言理。所以，《述行赋》有宣情发愤之义，但更主要的是理性的思古鉴今、托物讽世，是一种熔铸着理性自觉和现实批判的"愤思"。

而赵壹的《刺世疾邪赋》，则是一篇典型的抨击时政、批判现实之作。从审美内涵上看，它可以说进一步走向了汉大赋的反面。汉大赋那种歌功颂德的政治豪情，在这里被一种愤世嫉俗的主体情怀所取代。但这种情怀同张衡、蔡邕的作品一样，也很少是直抒出来的，而是潜隐于文本里，鼓胀于论辩中的。它的独特之处在于，既不是寄情于物，也不是托意于古，而是将满腔愤懑贯注在深刻全面的理性剖析和敏锐自觉的社会批判中，是一篇寓情于理、直指现实的批判性文学范本。

作品以明是非、辨真伪、刺过讥失、匡时济世的理性姿态和使命意识，对有史以来的所谓王道政治进行了全面的清算和剖露。在作者看来，"于兹迄今，情伪万方"。自春秋至秦汉，社会是越来越残酷，越来越黑暗了。一切统治者不管说得怎样好听，其实都是"利己而自足"之徒，他们是不管老百姓死活的。道德败坏、奸佞得势、豪强不法、贤正遭黜、百姓受难等，便是当今社会的真实图景。为什么会如此？"原斯瘼之攸兴，实执政之匪贤。"这个结论可谓一针见血，矛头所向，直指集权统治者，触及了问题的实质。正因如此，作者极其痛苦地表达了他对现实政治的最终绝望和否定：

宁饥寒于尧舜之荒岁兮，不饱暖于当今之丰年！

可以说，赵壹充满激愤的叙述，繁而不乱，思路缜密，辨析精到，论说合理，具有深刻的理性内涵和强大的思想力量。在这里，强烈的、地火岩浆般的义愤情感融贯于理性化的历史反思和主体化的现实批判中，振聋发聩，撼人心魄。一方面，论理，而不是抒情，是这篇作品的主旨；另一方面，它又不是抽象概念地论理，而是充满激愤之情地论理，所以说，寓情于理，是这篇辞赋最突出的审美特征。

总之，东汉中后期出现的所谓抒情小赋，为审美文化的发展带来了崭新的话题和鲜活的气息。从直接的审美内涵看，它不再像汉大赋那样，一味追求感性事象的铺排扩张和文本体例的鸿篇巨制，亦即追求一种"感物造端"的"大美"，而是倾向于事理述写的即兴随意和文体形式的短篇小制，亦即有意识地疏离那种感性的大美。同时，它也不再对社会现实采取激情化的歌功颂德的认同态度，而是转向对现实政治的激愤化批判和理性化超脱。在这种转向中，个人和社会之间、现实和理想之间已经显露出越来越大的缝隙和裂痕，越来越尖锐的矛盾和冲突。一种由义愤之情所催化的主体理性的自觉正在这一背景中缓缓形成。

正是在这个意义上，抒情小赋的所谓抒情，与其说是一种个体经验的情绪化表达，倒不如说是一种主体理性的义愤化显现。正是一种义愤，或说在寓物托史中一种批判社会、超脱现实的理性痛苦与觉醒，构成了抒情小赋真正的文化内涵和审美意味。这将成为不久以后的魏晋时代所谓"文的自觉"的思想胚芽和美学先声。

文人五言诗：

从感伤到感性

如果说抒情小赋在义愤化的生命体验中偏于社会性的理性批判的话，那么东汉中晚期的文人五言诗创作则在同样的生命体验中表现出向个体性的情感吟咏发展的趋势。这也意味着，东汉时代偏于"崇实"的审美文化趣尚在文艺上的体现，正由偏重于客观场景的写实和外在功利的实用，经过现实批判这一中介环节，而逐步转向内在人性的裸露和真情实感的抒发，转向一种个体存在的、生命体验的真实表达。

文人五言诗的出现和发展，是中国古典诗歌史上的一件大事。就诗体形式看，最初盛行的是《诗经》为代表的四言诗，之后是《楚辞》的杂言诗，汉乐府民歌则是"杂言"和"五言"并行，而以五言居多。在学习乐府民歌的基础上，东汉出现了文人五言诗。从四言、杂言到五言的演变并不仅仅是诗体形式问题，实质上也是内容表达的需要。五言比之四言，无论是语词还是音节变化都更丰富和多样，因而更适于表现较为复杂的事象情感。当然，也不是说字词多、音节多就一定是好的，它还有个形式格律是否和谐的问题，所以，字词、音节更多但形式上有悖和谐美规范的"杂言诗"，到东汉还是要让位于五言诗。

五言诗在东汉文人手里基本定型，这既是中国古典诗歌的发展规律所使然，也是与东汉时代，特别是东汉中晚期文人特有的生存困境和内心生活直接相关。个人与社会、现实与理想的分裂和冲突，给文人带来复杂而痛苦的内心感受。要表达这种感受，同时又不致破坏美的最高原则，那么，舍弃四言，超越杂言，而走向五言，便成为东汉中晚期文人诗歌创作的必然选择。

文人五言诗以东汉末年的《古诗十九首》最为典型。《古诗十九首》载于《文选》，因作者姓名失传，时代无定，故《文选》编者题为"古诗"。现一般确认这些"古诗"产生时代约为东汉末数十年间。至于说《古诗十九首》为文人之作，大约从其情感表达的委婉含蓄，"格律音节"的"略有定程"（梁启超语）以及普遍贯穿的"感伤"情怀等方面就可看出，因为它们与俚谣民歌是大异其趣的。特别是其浓郁深重的"感伤"情怀，尤为汉魏之后文人诗歌所常见。《古诗十九首》所表达的大都是游子、思妇、闺怨、怀乡、友情、行乐等世俗人生内容，而其最主要也最具时代特色的审美旨趣，就是"感伤"。那种挥之不去、刻骨铭心的人生失意感、无望感、漂泊感、孤寂感、短促感、寄寓感、焦虑感……皆悲云愁雾般地笼罩在这些五言诗中，凝成看似言近语短，实则负载深沉的"感伤"主题。

游子、思妇的离愁别恨，闺怨乡思，是其感伤主题的一大内容。当时的中下层文人，为了讨

个好的出路，不得不远离故乡，游走权门，以图
谋个一官半职。但这些游宦之士往往得意者少，
不幸者多。于是他们苦苦挣扎的人生体验和羁旅
情怀便借助五言体诗传达了出来。《明月何皎皎》
《涉江采芙蓉》《去者日以疏》等即属此类作品。
有了游子，自然就有思妇，有了愁旅，自然就有
闺怨。所以留守空房的怨妇们也要通过诗歌来表
达"与君生别离"的无尽孤寂和深切悲伤。《古
诗十九首》中这类作品居多数，如《行行重行
行》《青青河畔草》《冉冉生孤竹》《庭中有奇树》
《凛凛岁云暮》《孟冬寒气至》《客从远方来》等
等皆是（所谓"思妇"诗，人们认为大都是宦游
之士模拟女性口吻而作，倘果如此，也应算做游
子心态的一种曲折表露）。兹录一首《行行重行
行》以为范例：

> 行行重行行，与君生别离。相去万余里，各在天一
> 涯。道路阻且长，会面安可知。胡马依北风，越鸟巢南枝。
> 相去日已远，衣带日已缓。浮云蔽白日，游子不顾返。思
> 君令人老，岁月忽已晚，弃捐勿复道，努力加餐饭。

这是一首以思妇口吻表达离愁别恨的诗作，

独具意味。一方面是感情真挚深切，语言朴质自然，几无雕琢痕迹，与民歌很接近；另一方面又毕竟不同于民歌，感情表达在真挚自然中又具丰富婉转之妙，颇有知书达理女性之风韵。明王世贞评此诗曰："'相去日以远，衣带日以缓'，'缓'字妙极。又，古歌云：'离家日趋远，衣带日趋缓'，岂古人亦相蹈袭耶？抑偶合也？'以'字雅，'趋'字峭，俱大有味。"（《艺苑卮言》卷二）民歌原作"离家日趋远，衣带日趋缓"中的"趋"字，语气急促，立意直峭，着重于行为与状态的刻画，传达出一种急切痛苦之情，而此首"思妇"诗中"相去日已远，衣带日已缓"一句（"已"抑或"以"），虽与民歌蹈合，但其味又大异。其中的"已"字为虚词，比之"趋"字则语气和缓而悠长，立意婉转而含蓄。唯其如此，才更显女主人公情感之丰富、体验之细腻和痛苦之深刻，可谓含意言外，耐人品嚼。

感叹光阴短暂，人生匆促，身如朝露，命若飙尘，则为文人五言诗之感伤主题的又一大内容。实际上，这一内容与"游子"或"思妇"们的生命体验是互为表里的。宦游之士常年远离故土，飘落异乡，居留无定，前途未卜，就自然会产生人生如寄、命运无常的羁旅感受和过客心态，所以也就容易将游子的经验和人生的状态联系在一起：

> 人生寄一世，奄忽若飙尘。(《今日良宴会》)
>
> 人生天地间，忽如远行客。(《青青陵上柏》)
>
> 浩浩阴阳移，年命如朝露。人生忽如寄，寿无金石固。(《驱车上东门》)

这些诗句表明，羁旅之士境遇的无定、无常、客居、寄托、飘零、艰难、匆忙、短暂等内在体验，也同时成了人生状态的真实写照，成了文人士子的生存图景。难怪读着这些文人五言诗，我们会时时感到一种悲伤之情、哀怨之气扑面而来，弥漫而至。诚如诗中所写："终日不成章，泣涕零如雨"(《迢迢牵牛星》)，"白杨多悲风，萧萧愁杀人"(《去者日以疏》)，"忧愁不能寐，揽衣起徘徊"(《明月何皎皎》)，"徒倚怀感伤，垂涕沾双扉"(《凛凛岁云暮》)……如此伤感，真真是"怎一个愁字了得"！

这种由羁旅生活延伸至人生状态的寄寓感

受、飘零体验和过客心态，在诗人们那里进一步激起一种对"老"的畏惧意识，对死亡正在无情逼近、人生竟然如此短暂的惶恐感。诗中反复出现着这种句子："思君令人老，岁月忽已晚"（《行行重行行》），"思君令人老，轩车来何迟"（《冉冉孤生竹》），"同心而离居，忧伤以终老"（《涉江采芙蓉》），"所遇无故物，焉得不速老"，"人生非金石，岂能长寿考"（《回车驾言迈》），"四时更变化，岁暮一何速"（《东城高且长》），"去者日以疏，生者日以亲"（《去者日以疏》）……这简直就是一种世纪末式的感觉，一种来日无多、老之将至的迟暮意识。作为东汉末年的作品，《古诗十九首》的作者们莫非已敏感到大汉王朝的气数已尽，敏感到黄巾起义的腥风血雨，敏感到士人性命的朝不保夕，敏感到旧的体系的行将崩溃？

既然现实这般险恶，功名如此空茫，暮老日益迫近，未来幻灭难测，那么人生的意义究竟何在？人应该怎样活才能善待自己，不枉此生？结论似乎只有一个，那就是把握住眼前时光，现世行乐，及时行乐，让有限的生命获得最大限度的享受。也就是说，只有在感性的享乐中，感伤的心情才能得以疗补和抚慰。这便构成文人五言诗的另一大主题。梁启超指出："从内容实质上研究十九首，则厌世思想之浓厚——现实享乐主义之讴歌，最为其特色。"（《中国之美文及其历史》）《十九首》中厌世思想是否浓厚，这还有待讨论，但它作为"现实享乐主义之讴歌"则是确定无疑的。从感伤的心情走向感性的享乐，大概是东汉中后期文人五言诗最鲜明的审美内涵。张衡的《同声歌》可谓开其先声："邂逅承际会，得充君后房。……洒扫清枕席，鞮芬以狄香。重户结金扃，高下华灯光。衣解巾粉御，列图陈枕张。素女为我师，仪态盈万方。众夫所希见，天老教轩皇。乐莫斯夜乐，没齿焉可忘？"这首诗写男女欢爱之情景可谓真切细致，甚至不乏色情意味。历代诗家常解此诗为"喻臣子之事君也"，实乃迂腐之论。该诗用的是新婚女子口吻，反映的却是士人的观念趣味。虽没明说行乐之旨，但"现实享乐主义"的意思却昭然字里行间。自此，现世行乐便成为汉末文人五言

诗所普遍崇尚和表达的重要内容。《古诗十九
首》在这方面尤为突出：

> 昼短苦夜长，何不秉烛游。为乐当及时，何能待来
> 兹？（《生年不满百》）
>
> 服食求神仙，多为药所误。不如饮美酒，被服纨与
> 素。（《驱车上东门》）
>
> 《晨风》怀苦心，《蟋蟀》伤局促。荡涤放情志，何
> 为自结束？（《东城高且长》）
>
> 伤彼蕙兰花，含英扬光辉。过时而不采，将随秋草
> 萎。（《冉冉孤生竹》）
>
> 斗酒相娱乐，聊厚不为薄。……极宴娱心意，戚戚
> 何所迫！（《青青陵上柏》）

这些诗句，贯穿着的就是一种现世享受、及时行
乐的题旨。其由感伤向感性的沉迷，除了表明了
对伦理目标的厌倦，对功名利禄的疏离，对德行
节操的怀疑，对神道仙术的摒弃等等之外，还表
明了一个重要的审美文化转向，那就是价值重心
和文学趣尚向感性个体的凝聚，向生命自然的回
归。不是外在社会功业的有无成就，而是内在个
体生命的快乐与否，成了这一时代文人五言诗所

关注的审美焦点。这正是东汉"崇实"趣尚的历史性转型。它意味着一种生命的、自然的、性情的、内在的真实正在审美文化的中心界域里悄然崛起，而历史也将由此翻开新的一页。

书法艺术："饰文字以观美"

谈东汉审美文化，不能不谈书法。书法这门中华民族特有的艺术形式，在汉代，特别在东汉时代经历了一次重大而深刻的历史变迁，那就是，中国传统的表意文字在这里终于蜕变为鲁迅所说的一门自觉的"饰文字以观美"的书法艺术。

　　秦篆与秦隶　在漫长悠远的先秦时代，无论是殷商甲骨文、西周金文，还是春秋特别是战国的石鼓文（或称"籀文"），基本都是篆书形式，通常称为大篆。到秦代初，"丞相李斯乃奏同之，罢其不与秦文合者，斯作《仓颉篇》，中车府令赵高作《爰历篇》，太史令胡毋敬作《博学篇》，皆取史籀、大篆，或颇省改，所谓小篆

者也"（许慎《说文解字·叙》）。这就是说，大
篆到秦代有所省改，于是有了小篆。从大篆到小
篆，是中国文字的一大进步。在字体上小篆明显
形成了线条圆匀，笔画简省，字形纵势长方，结
构定型统一等特点，而在观感上则更具简捷明
快、平整端严、宽舒遒劲、浑朴圆和之风姿。所
以同大篆相比，小篆一方面更有利于书写应用，
一方面也愈具"观美"价值。它使中国文字进一
步定型化、符号化。但是秦小篆的这种进步还不
是根本意义上的，它还没有真正摆脱篆书的象形
古意。传为李斯所书的《泰山刻石》、《峄山刻
石》（029）、《琅琊刻石》等是我们今天所能看到
的最有代表性的小篆精品。

　　许慎说"秦书有八体"，现在所见到的主要
是"三体"，即除大篆、小篆外，还有一个隶书。
秦隶的出现同小篆之取代大篆一样，也是基于
书写便利的需要。《说文·叙》中说秦代"初有
隶书，以趣约易"。《汉书·艺文志》也说：秦时
"始造隶书矣，起于官狱多事，苟趋省易，施之
于徒隶也"。也就是说，秦隶是在处理犯人事宜
时为简省便利而使用的一种字体。还有的说法认

029　李斯《峄山刻石》

为隶书是一个叫程邈的徒隶（贱民）创立的，故叫隶书。不过从书法艺术的审美角度讲，秦隶的"苟趋省易"与小篆的"增损大篆"有根本的差异。小篆充其量是对大篆的一种改良，而隶书的出现则是对篆书的一种革命，是中国文字和书法史上的一次质的飞跃。湖北云梦睡虎地秦墓出土的竹简墨迹，为今天所能见到的秦隶之范式。

　　为什么隶的出现是一种书体之革命呢？因为

古文大篆基本是一种"画成其物，随体诘诎"的象形文字，所以形体无定，笔画无定。秦小篆对大篆虽有省改，使之趋于字符化、定型化，但仍存象形古意，而隶书则从根本上扬弃了象形。从它开始，字不再是"画"出来的，而是"写"出来的。它的主要特点就是在笔画上化圆转为方折，以直线代弧线，出现了"蚕头"和"波磔"，在笔势上则由缓缓的行笔变为短促的奋笔，从而不仅提高了书写速度，而且更重要的是脱离了象形，超越了古文，使汉字进人了今文时代，为书法真正走向自由写意的审美化、艺术化一途创造了前提，奠定了基础。

当然，秦代以小篆为主，秦隶只是一种边缘化、辅助性文字，而且在结构上还是一种亦篆亦隶的，或者说由篆向隶转化过渡的书体。隶书的定型并成为一种主流书体则是在汉代。

西汉简牍与东汉碑刻　在书法史上，汉代的重要性怎么说都是不过分的。这不仅意味着，隶书这种根本改变汉字形构的字体在汉代，特别在东汉已完全成熟，而且楷、草、行等后代各种书体也都产生于汉代。近人祝嘉说："各种书体，皆备于汉，后世无以复加，守辙寻途而已。余故曰：汉代为书学之黄金时代也。"〔2〕当然，楷、草、行等书体在汉代还只是初萌形态，不足以取代隶书的主流地位。

隶在两汉也有一个演变过程。西汉隶书基本是秦隶的一种持续，是从篆书向真正的汉隶转化的一种过渡形式。惟其为过渡，西汉隶书反倒呈现出一种千姿百态的气象。其中最有代表性的是简牍和帛书。19世纪至20世纪有两件轰动书法界、学术界的大事，一是甲骨文的发现，一是汉晋简牍的出土。简牍，即竹简和木牍的统称。位于中国新疆、甘肃一带古丝绸路上出土的简牍最为丰富，其中汉简数量占全国首位。这些汉简所成时代以西汉为主，所编成的作品主要有《流沙坠简》、《**武威汉简**》（彩图16）、《**居延汉简**》（彩图17）三部等。帛书墨迹则主要是湖南马王堆三号汉墓出土的《老子》甲本、乙本等帛书。

西汉书法，特别是简牍墨迹的总体笔法基本可用率真自然、纵逸活泼来概述。它处于既突破了古篆旧规矩又尚未定型于汉隶新法式的发展阶段，故能随心所欲，奔放张扬，疏密不拘，潇洒自得。它们有的若篆若隶，浑然一体，有的波挑披拂，形意翩翩；有的劲健爽利，飘逸灵动；有的则雄浑飞扬，纵意舒展。其审美意味在某种程度上与汉大赋感物造端、铺张夸饰之风有异曲同工之妙，具有较为鲜明的纵横捭阖、沉雄豪放的"大美"气象。

隶书至东汉，特别是桓、灵之世（147—189）臻于成熟，成为定型化、标准化、官制化的汉隶，其代表作便是蔚为大观的东汉碑刻，即通常所说的"汉碑"。

其实，"碑"在古代由来已久，最早它立在宫殿宗庙之前，其功能是为了观察日影推测时间，或为了拴住祭祀的牲。立在墓前，则是为了施以鹿卢（滑车），用绳索牵引，把棺放下墓圹。碑上有刻，以述德记事彰功美名于其上，则自东汉开始。欧阳修《集古录》中说："至后汉以后始有碑文，欲求前汉碑碣，卒不可得。"这意味着东汉碑刻之盛，与这一时代多记主人生前事迹的墓室壁画、画像砖、画像石等空前发达是相通互应的，都是"事死如生"的墓葬观念和"大象其生"的现世情怀等文化趣尚的产物，都是旨在彰显人生事功、追求生命不朽的一种特殊形式。据说，在东汉，不仅达官贵人都树墓碑，就是庶民百姓也立墓碑，不仅成人有墓碑，幼童也多有墓碑，如《蔡邕集》中就有《童幼胡根碑》。墓碑有家属或亲族中人设立的，也有弟子、门人设立的，更有友人、故吏、地方官设立的，由此可见东汉碑刻的繁盛是空前的。除墓碑外，还有的是直接刻在摩崖石壁上，成为汉代碑刻之一种。也正因如此，成熟的汉隶在东汉碑刻这种坚硬载体中得以大量地存留下来。

作为汉隶范型，东汉碑刻所显示出来的审美风姿是异彩纷呈、绚烂多样的。清王澍《虚舟题跋》中说，汉碑"每碑各出一奇，莫有同者"，指的就是这一情景。不过从大的方面看，主要有三种基本类型。

第一类可描述为古拙朴茂，厚重雄浑，气酣力足，遒壮宏大。这类汉碑的审美文化渊源似更系于古风。其中最拙古者，有《**开通褒斜道刻石**》（030）和《**郙阁颂**》摩崖石刻等。较拙古者，则有《**衡方碑**》、《**西狭颂**》（031）等。观赏此类汉隶，能让人联想到汉霍去病墓前石

030 《开通褒斜道刻石》

运笔沉稳凝重，波折劲挺，点画磊落，骨力劲健。结体分布匀称，端严方正，气度雍容壮伟。

031 《西狭颂》

雕那种古拙雄厚的大美气象。

第二类可描述为规矩森严、方圆中正、典雅刚健、遒劲端庄。这类汉碑的审美文化根源似在现实秩序，因而应视为汉隶碑刻的典范。它们以树"八分"，开风习被后世看做汉隶中的"馆阁"。蔡邕主持并亲自写了一部分的《熹平石经》（亦称《汉石经》）则为其代表。

《熹平石经》（032）用八分书体写成。八分，一般是指东汉时期成熟了的隶书，左右相背分开，波势挑法明显，脱尽篆意。既具有成熟的隶书法则，又为隶书向楷书的过渡提供了范例。[3]有学者批评《石经》规整有余而灵动不足，缺乏自然飘洒的韵味等等，其实，以动态发展的眼光看，它正代表了汉隶的一种特定类型，是一种与东汉主流文化相对应的、具有较多庙堂气息、经学意味和正统色彩的隶书。这一种大致反映东汉时代儒教化、伦理化、典正化、功利化审美风尚的汉隶，除《熹平石经》外，还有《礼器碑》、《孔宙碑》、《乙瑛碑》、《张迁碑》（033）、《华山碑》等碑刻作品。这些作品在与《石经》的审美基调大体保持一致的情况下，也有些微差异。

032 《熹平石经》

033 《张迁碑》

如清王澍《虚舟题跋》评《礼器碑》时说："汉碑有雄古者，有浑劲者，有方整者。求其清微变化，无如此碑。""以为清超却遒劲，以为遒劲却又肃括。自有分隶来莫有超妙如此碑者。"这个评论是很精到的。再如《张迁碑》，一般把它视为方笔典型，但这只是它的技法特点，而在其结体严密方整、用笔劲健端庄、皆具典正壮美之风采方面实与《石经》等并无大异，理应归为同类。

　　第三类可描述为纵横恣意、放逸舒展、清峻秀丽、飘洒自由。这类汉碑的审美文化意蕴似更指向未来，尤其指向切近的魏晋时代。在飘逸舒展方面较为典型的是《石门颂》（034）。该书结字尤具特点，扁长殊异，大小不同。整幅之中"命""升""诵"等字垂直长过两字，其笔势夸张如长枪大戟，舒展狂放，真个是落拓不羁，真率自由。从这幅隶书中，我们似乎可以感受到"魏晋风度"的隐约气息了。清末书家杨守敬评此书说："其行笔真如野鹤闲鸥，飘飘欲仙，六朝疏秀一派皆从此出。"[5]

此作品是一摩崖刻石，其"字势飞动，如野鹤闲鸥，或翩翩起舞飘飘欲仙，或优哉游哉轻盈漫步。谛视之，运笔凝练而活脱，字势纵横恣肆，空灵逸宕"[4]。

034 《石门颂》

可谓中鹄之论。在清峻秀丽方面较为典型的则是《曹全碑》《史晨碑》等，特别是《曹全碑》（035），在严整遒劲的洋洋汉碑中独以秀雅清丽见长，其结字以圆笔为主，以横取为势。字呈扁方，扁中寓圆。一般横画细，竖画粗。横画起笔、收笔有明显的"蚕头""雁尾"之特征，中宫紧收，波磔舒展，笔势轻灵飘逸处，如凤翼开张，翩然多姿，秀逸动人。笔画不拘一格，长者极长，笔力遒劲，送到尽处；短者极短，含蓄蕴藉，笔短意长。在审美形态上一反汉隶多以"大美""壮美"为主的特点，而呈现出较多的清丽之韵，阴柔之趣。清代张廷济称此碑"貌如罗绮婵娟"，万经说此碑"秀美飞动"，孙退谷亦评此碑"字法遒秀逸致"等等，都指的是这个意思。《曹全碑》体现出的清丽之韵，阴柔之趣，说明它对汉隶已形成某种超越之势，在很大意义上已开六朝清秀书风之先河。

我们说东汉时代是中国书法史上至为重要的时代，不仅因为它开始有意识地追求一种书法的艺术性、观赏性，而且它还出现了真正的书法美

035 《曹全碑》

学思想。它不仅在审美领域自由地创作着，而且在美学领域自觉地思考着。尽管这一思考还是初步的、简单的，但却是书法美意识趋于成熟的重要标识。

东汉崔瑗的《草书势》（西晋卫恒《四体书势》引）是今天能见到的最早的书法美学文章。这里所论草书，主要是章草，亦即作为汉隶"急就章"的一种草书体。这篇谈草书的文章重要之处有二：一是讲"草书之法，盖又简略"，"兼功并用，爱日省力"等，即草书是纯从书写便利的功用出发而由隶书变来的。二是讲草书虽是"观其法象，俯仰有仪"，即从实际生活中抽象出来的，但却"方不中矩，圆不副规。抑左扬右，兀若竦峙；兽跂鸟跱，志在飞移；狡兔暴骇，将奔未驰……"这就指出了草书的独特性在于不受法度规范的拘束，在于表现一种飞动奔驰的气势，因而是偏于主观和自由的艺术。

无疑，这样一种书法美学思想，在强调伦常讲究秩序的东汉时代是不大容易获得广泛认同的。果然，那个写过《刺世疾邪赋》的赵壹又写了一篇《非草书》，对此予以抨击。此文一开始就给草书定了"罪"："余惧其背经而趋俗，此非所以弘道兴世也。"很明显，赵壹论书的尺度是伦理功用主义的。书法的意义在于宗经化俗，"弘道兴世"，因而应当向古书学习。然而"夫草书之兴也，其于近古乎？上非天象所垂，下非河洛所吐，中非圣人所造"。那么它究竟本之何处？从形式上看，它是"示简易之指"，即为了书写方便，但在根本上，它是"务内"的产物，是抒发"小志"即纯个人心意的结果，所以草书既无益于"圣人之业"，也无用于"征聘"，"考绩"，是一种真正的"伎艺之细者"，亦即一种微不足道的雕虫小技罢了。赵壹在这里彻底否定了草书。

赵壹还从另一个角度批评了草书。他认为，当今学草书的人，不去领悟"简易"这一草书之本，而是一味模仿杜度、崔瑗，这样一来，写草书这件本来简易快捷之事，反倒变得艰难缓慢了。在赵壹看来，"凡人各殊气血，异筋骨。心有疏密，手有巧拙。书之好丑，在心与手，可强为哉？若人颜有美恶，岂可学以相若耶？"所以那些学杜、崔草书者，到头来只会"如效颦者之增丑，学步者之失节也"。

赵壹的前后说法实际上是相矛盾的。首先，他本是否定草书的，可后面他否定的又不是草书本身，而只是对草书创始者杜、崔等人的模仿行为。他认为杜、崔等人"皆有超世绝俗之才"，别人是学不来的，这就等于肯定了杜、崔等人的草书。其次，"书之好丑，在心与手"的观点，触及了草书创作的个体性、主观性和自由性特征，这与他反对草书的"务内"和"小志"也颇不一致。实际上，这种理论的内在龃龉状态，正是东汉中后期书法美学处于一种由实用而审美的历史转型阶段的写照。

到东汉末，蔡邕在《笔论》中提出"任情恣性"一说，就显示出了书法美学的进一步发展和成熟。蔡邕书论，现传于世的有《笔论》《九势》《篆势》《笔颂》等几篇，以《笔论》为最重要。但这篇文章的真伪尚有争议。我们以为，此文所提出的中心思想，与当时书法创作正趋向于抒情任性的实际情况基本是吻合的，所以，这一阶段出现这样的文章是自然的。

《笔论》的陈述中有两点值得注意，第一是将"任情恣性"视为书法之本义，指出：

> 书者，散也。欲书先散怀抱，任情恣性，然后书之。若迫于事，虽中山兔毫不能佳也。夫书先默坐静

> 思，随意所适，言不出口，气不盈息，沉密神采，如对
> 至尊，则无不善矣。

所谓先散怀抱，也就是首先使内在心情从外在事务中彻底解脱出来，达到一种"默坐静思，随意所适"的自由状态，这样即可进入一种"任情恣性"的创作境界。倘一开始就为世事所迫，为功利所拘，那是无法写出好字来的。应当说，蔡邕的看法虽寥寥几笔，却直达书法作为一门写意艺术的审美本质，可谓精彩、深刻。就东汉时代说，这一看法也带有某种程度的超前性。

但蔡邕毕竟还是汉代人。他无法真正突破汉代书法美学的局限性。所以第二，他又坚持书法"象形"的观点。我们知道，"象形"是汉字的原初形态，而汉字和书法的重大飞跃也正体现在对"象形"古意的突破上。汉隶取代古篆就是这样一种突破，这一点我们前面已有论述。但书法美学在这方面却稍嫌滞后，如《草书势》就讲过"写彼鸟迹""观其法象"之类偏于"象形"观念的话。蔡邕在提出了"任情恣性"一说之后，也

保留了"象形"论的"尾巴"：

> 为书之体，须入其形，若坐若行，若飞若动，若
> 往若来，若卧若起，若愁若喜，若虫食木叶，若利剑长
> 戈，若强弓硬矢，若水火，若云雾，若日月，纵横有可
> 象者，方得谓之书矣。

这里所说的"为书之体，须入其形"，"纵横
有可象者，方得谓之书"等，显然还带有早期
"象形"论色彩。当然它与早期"画成其物，随
体诘诎"的象形观念已有区别。它所谓书法
"须入"（摹拟）的"形""象"，主要不再是客
观存在的具体物象，而是某种客观的、物理的
"形势"或气象。这即"若……"句式所蕴涵的
意思。从历史发展的角度说，这种"若……"
或"如……"句式一方面表明原始"象形"观
念已显解体之势，一方面也意味着书法美学
在走向"写意"论时仍难以完全割断与"象
形"说的联系。这种情形似乎是古典书法美学
的一种历史宿命。在其后的许多书论中，这种
"若……"或"如……"句式不断得以重复使
用，就是一个很好的例证。

　　不过，这丝毫不会削弱蔡邕书法美学思想的趋前性意义，其理论上的历史局限也恰好表明了其思想趋前的艰难和真实。作为一种理论上的矛盾现象，它让我们谛听到了中国书法文化正从文字向艺术，从实用向审美，从讲究"弘道兴世"向标举"超俗绝世"，从注重"写迹""法象"向崇尚"务内""随意"，一句话，从"象形"论、"功用"论向"写意"论、"观美"论过渡转变的历史足音。

　　总之，从东汉中后期始，无论在美学观念还是在艺术创作上，审美文化都已历史地显现出了某些新因素、新征象，表露出了新鲜活泼的生命气息。它昭示我们，中国审美文化即将告别一个旧的阶段，而迎来一个新的时代。一种真正的历史转型就要开始了。

〔1〕　《楚辞章句序》,《全后汉文》卷五、七。

〔2〕　《书学史》第15页，中国书店出版社，1987年版。

〔3〕　参见董文《中国历代书法鉴赏》第23页，辽宁大学出版社，1988年版。

〔4〕　董文《中国历代书法鉴赏》第18页。

〔5〕　滕西奇著《中国书法史简编》第46页，山东教育出版社，1990年版。